Revue des études dantesques

2019, n° 3

Revue
des études
dantesques

PARIS
CLASSIQUES GARNIER
2020

DIRECTEUR DE LA PUBLICATION

Bruno PINCHARD

RÉDACTRICE EN CHEF

Anna Pia FILOTICO

COMITÉ DE RÉDACTION

Philippe AUDEGEAN, Sabrina FERRARA, Cécile LE LAY, Fosca MARIANI, Antonio MONTEFUSCO, Enrica ZANIN, Raffaella ZANNI

COMITÉ SCIENTIFIQUE

Zygmunt BARAŃSKI, Isabelle BATTESTI, Gianluca BRIGUGLIA, Alberto CASADEI, Simon GILSON, Philippe GUÉRIN, János KELEMEN, Giuseppe MARRANI, Maria MAŚLANKA-SORO, Franziska MEIER, Roberto MERCURI, Juan VARELA-PORTAS, Marco VEGLIA

Contributions et toute correspondance sont à adresser à :
Société Dantesque de France
38, rue de la Montagne Ste Geneviève
75005 Paris
etudesdantesques@gmail.com

ISBN 978-2-406-10705-7

SOMMAIRE

ARTICLES

COMPTES RENDUS / *BOOK REVIEWS*

ARTICLES

L'ESPOIR DE DANTE ET LA PRÉSENCE DE SAINT BERNARD DANS LES TROIS DERNIER CHANTS DU *PARADIS*

Pourquoi Dante a-t-il recours à saint Bernard pour accéder aux ultimes degrés de son périple ? L'apparition de cette figure d'un autre siècle, à l'aube du chant **XXXI** du *Paradis* est inattendue[1]. Certes Bernard est une figure prophétique de la fin des temps chez Joachim de Flore. Pourtant, celle d'un François, démasquant l'antéchrist n'aurait-elle pas davantage correspondu à ce que pouvait être l'actualité Joachimite de l'époque de Dante ? Mais précisément, parvenu à cette hauteur dans le paradis, peut-il être encore question d'espérance temporelle ? La visée de la pure béatitude céleste laisse-t-elle place au moine accomplissant l'humanité du dernier âge ?

Notre point de départ est que précisément, dans la structure même de son espoir, Dante distingue et articule les fins temporelles et spirituelles

---

1   Mentionnons sur le sujet depuis Alexandre Masseron, *Dante et Saint Bernard*, Paris, Albin Michel, 1953 ; Alberto Vecchi, « Dante e S. Bernardo », dans *Benedictina* 1, 1953, p. 181-189 ; Romano Guardini, « Bernhard von Clairvaux in Dantes Göttlicher Komödie », dans *Hochland* 46 1953-1954, p. 55-64 ; Giorgio Petrocchi, « Dante e la mistica di san Bernardo », dans *Letteratura e critica : Studi in onore di Natalino Sapegno*, Walter Binni *et alii* éds., 4 vols., Rome, Bulzoni, 1974, I, p. 213-229 ; Rosetta Migliorini Fissi, « La nozione di 'deificatio' nel *Paradiso* », dans *Lettere classensi* 9-10, 1982, p. 39-72 ; Mario Aversano, « La conclusione della *Commedia* », dans *La quinta ruota : Studi sulla "Commedia"*, Turin, Tirrenia stampatori, 1988, p. 189-221 ; Raymond D. DiLorenzo, « Dante's Saint Bernard and the Theology of Liberty in the *Commedia* », dans *Bernardus Magister*, éd. John R. Sommerfeldt, Cistercian Studies Series 135 Kalamazoo, Cîteaux, 1992, p. 497-515 ; Steven Botterill, *Dante and the Mystical Tradition : Bernard of Clairvaux in the "Commedia"*, Cambridge, Cambridge Studies in Medieval Literature 22, 1994 ; Francesco Mazzoni et Lino Pertile, « Dante e la tradizione mistica : San Bernardo di Clairvaux », dans *Seminario dantesco internazionale*, Zygmunt G. Baranski éd., Società Dantesca Italiana, Centro di Studi e Documentazione Dantesca e Medievale 7, Florence, Le Lettere, 1997, p. 147-278 ; Fausta Drago Rivera, *S. Bernardo e l'ascesa mistica del Paradiso*, Pubblicazioni della Società Dante Alighieri Milanese, Quaderni 12, Milan, 1995 ; Amilcare A. Iannucci, « Dante's Theological Canon in the *Commedia* », dans *Italian Quarterly* 37, 2000, p. 51-56.

avec une clarté qui le place à l'origine de la laïcité moderne. Mais sa laïcité n'est pas celle, athée qui voudrait enfermer le religieux dans la sphère privée et le subordonner en définitive à la poursuite des fins temporelles. Nous reviendrons donc dans un premier temps sur la thématique des « *duo ultima* » qui fut l'occasion de notre première recherche dantesque. N'est-il pas capable d'un double espoir : un espoir temporel d'abord appelant l'avènement d'un empereur susceptible de ramener la paix et la prospérité dans la chrétienté entière, et en particulier en sa chère Florence ? Mais aussi une espérance spirituelle, théologale de la vision béatifique ? Or n'appartient-il pas au pape d'y conduire le peuple chrétien ? Ne devrait-on pas attendre un saint Pierre aux portes des derniers degrés du paradis, quand c'est Bernard qui vient intercéder ? Pierre n'en est pas absent, mais il nous faut explorer le sens de cette intercession monastique.

C'est ainsi que nous convoquerons dans une seconde partie la figure Joachimite d'un Bernard, dernier réformateur du monachisme et nouveau Moïse préparant le retour eschatologique du Christ. Ce sera l'occasion de revenir sur les ressorts du Joachimisme. L'herméneutique du Calabrais n'est-elle pas présente jusque dans les derniers chants où se répondent les figures de l'Ancien et du Nouveau Testament ? Mais précisément, le cœur de la pensée de Joachim est peut-être moins prophétique qu'herméneutique comme le rappelle Gian Luca Potestà. Peut-on démêler les aspects prophétique et marial du vieillard qui surgit au début du chant XXXI ?

Nous voudrions dans un dernier temps explorer la présence et la prière même de Bernard, ainsi que la vision finale. Dante y montre sa connivence théologique profonde avec cet auteur ce qui nous aidera peut-être à comprendre le sens de cette ultime intercession. Ne tient-elle pas finalement à la piété mariale de Dante, relais d'une mystique sponsale ? Mais ne débouche-t-elle pas sur une hénologie qui noue philosophiquement les mystères de la Création et de l'Incarnation autour de celui de la Trinité ? Se laisserait ainsi dévoiler une multiple inspiration cistercienne de Dante ?

LES « *DUO ULTIMA* » : L'ESPOIR DE DANTE
AUX SOURCES DE LA LAÏCITÉ MODERNE

L'espoir de Dante est double, spirituel et temporel. Parmi ceux qui ont examiné la place de saint Bernard dans la *Comédie*, certains ont perçu la nécessité d'un détour par la conception dantesque du rapport entre les pouvoirs spirituel et temporel[2]. Elle est le fruit d'une réflexion complexe sur la finalité humaine qui avait fait l'objet de nos premières recherches dantesques dont nous voudrions ici commencer par rappeler les résultats avant d'en tirer de nouvelles conséquences. Rapprochant les « *duo ultima* » de la *Monarchia* des « *duo optima* » distingués dans les commentaires dits averroïstes de *l'Éthique à Nicomaque*[3], nous mettions en évidence l'origine aristotélicienne de cette formule dantesque, mais aussi le malentendu qui fondait la critique formulée par le Dominicain Guido Vernani da Rimini, artisan de la condamnation locale du *De Monarchia* en 1329. Les commentateurs d'Aristote distinguaient deux perfections humaines, atteintes dans l'ordre naturel l'une par la vertu de prudence accomplissant la vie active et l'autre par la vertu de sagesse épanouissant la vie contemplative. Or si l'on y ajoute la vision béatifique, finalité spirituelle atteinte par la grâce, ce ne sont plus deux, mais trois béatitudes qu'il faudrait distinguer.

Dès le *Banquet*, Dante les articule effectivement :

> Il apparaît ainsi que notre béatitude (cette félicité dont il) s'agit, nous pouvons la trouver d'abord comme imparfaite dans la vie active, c'est-à-dire dans les opérations des vertus morales, puis, presque parfaite dans les opérations des vertus intellectuelles. Ces deux opérations sont voies rapides et directes pour mener à la suprême béatitude, qu'on ne peut posséder ici-bas, comme il apparaît bien à ce qu'on vient de dire[4].

---

2   *Cf.* Alexandre Masseron, *Dante et Saint Bernard, op. cit.*, p. 33-35 et Max Célérier, « Dante et saint Bernard de Clairvaux », dans *Mémoires de l'Académie des Sciences, Arts et Belles lettres de Dijon* 129, 1990, p. 119-148.

3   René Antoine Gauthier, « Trois commentaires "averroïstes" sur *l'Éthique à Nicomaque* », dans *Archives d'Histoire Doctrinale et Littéraire du Moyen Âge*, 1947-1948, p. 187-336.

4   « *E così appare che nostra beatitudine, [cio]è questa felicitade di cui si parla, prima trovare potemo quasi imperfetta nella vita attiva, cioè nelle operazioni delle morali virtudi, e poi perfetta quasi nella [vita contemplativa, cioè] nelle operazioni delle* virtudi *intellettuali. Le quali due operazioni*

Loin de s'opposer à la béatitude éternelle, les deux béatitudes temporelles, obtenues par les vertus morales et intellectuelles, sont pour le
poète aristotélicien le meilleur raccourci vers celle-ci.

Mais la question n'est pas que morale, elle est aussi politique puisque
Dante à la fin de la *Monarchia* confie la poursuite de la béatitude temporelle à l'empereur, tandis que la quête de la vision béatifique sera
évidemment menée sous la houlette du pouvoir spirituel du pape.
Rappelons la structure du traité. Ses trois parties répondent chacune à
une question que l'on pourrait ainsi formuler d'après la récapitulation
finale qu'il en propose[5] :

1. L'empire comme monarchie temporelle universelle est-il nécessaire
   au bien-être du monde ?
2. Est-ce de bon droit que le peuple romain dans l'Antiquité s'est
   arrogé cet office impérial ?
3. L'autorité du monarque dépend-elle immédiatement de Dieu ou
   d'un autre homme ? On distingue généralement l'argumentation
   proprement philosophique de la première et de la dernière partie,
   de celle plus juridique de la deuxième tentant de justifier l'empire[6].
   Mais ce qui nous intéresse, c'est l'argument de la troisième partie
   et plus spécialement sa toute fin.

Ayant prouvé auparavant que l'autorité de l'empereur ne lui est pas
conférée par le pape, Dante en vient à montrer au dernier chapitre qu'elle
lui vient directement du suprême principe divin. L'homme comporte à la
fois une nature corruptible et une incorruptible (l'âme prise séparément).

---

    sono vie espedite e dirittissime a menare alla somma beatitudine, la quale qui non si puote avere,
come appare pur per quello che detto è. », *Conv.* IV, XXII, 18.

5 « *Et iam satis videor metam actigisse propositam. Enucleata nanque veritas est questionis illius*
qua querebatur utrum ad bene esse mundi necessarium esset Monarche offitium, ac illius qua que-
rebatur an romanus populus de iure Imperium sibi asciverit, nec non illius ultime qua querebatur
an Monarche auctoritas a Deo vel ab alio dependeret inmediate. », *Mon.* III, XV, 16.

6 Thierry Ménissier, « La *Monarchia* de Dante : de l'idée médiévale d'empire à la citoyenneté
universelle », dans *L'idée d'empire dans la pensée politique, historique, juridique et philosophique,*
Thierry Ménissier éd., Paris, L'Harmattan, 2006, p. 81-96 ; Samuele Cecotti, « La legit-
tima validità dell'impero. Analisi degli argomenti sviluppati secondo la semantica della
validità nel secondo libro della *Monarchia* di Dante condotta a partire dalla confutazione
fattane da fra' Guido Vernani da Rimini nel suo *De Reprobatione monarchia* », dans *Divus
Thomas* 115, 1, 2012, p. 390-412 ; du même « L'ecclesiologia anagogica nella commedia.
Lo sguardo di Dio sulla chiesa », dans *Divus Thomas* 115, 1, 2012, p. 71-99.

L'autre n'est pas le corps pris séparément, mais le tout qu'il forme avec l'âme[7]. L'anthropologie de Dante n'est donc pas dualiste ; simplement, l'homme fait figure d'exception au sein de la Création en participant à la fois de la corruptibilité et de l'incorruptibilité[8]. C'est ce qui lui vaut d'avoir deux fins : la béatitude de cette vie atteinte conformément à l'enseignement aristotélicien par l'exercice des vertus, et la béatitude éternelle nécessitant l'aide de la lumière divine, entendons celle de la grâce en ce monde et de la gloire dans l'autre[9]. Chacune de ces deux fins ultimes sera, rappelons-le, atteinte[10] par des voies différentes. La béatitude temporelle est obtenue en s'inspirant des sources philosophiques pour suivre les vertus, non seulement morales mais aussi intellectuelles. Quant à la béatitude éternelle, c'est en suivant la Révélation et en pratiquant les vertus théologales qu'on s'en rapprochera. Ces deux sources, rationnelle et révélée, ne devraient-elles pas suffire à guider les consciences sur les voies de la libre pensée et du libre examen ? Philosophie et Révélation sont la bride et le mors évitant aux hommes d'errer comme des bêtes dévoyées par leur concupiscence[11], mais cela rend nécessaires les deux pouvoirs sous lesquelles la quête des deux fins ultimes sera poursuivie[12].

---

7   « *Nam homo, si consideretur secundum utranque partem essentialem, scilicet animam et corpus, corruptibilis est ; si consideretur tantum secundum unam, scilicet animam, incorruptibilis est.* », *Mon.* III, xv, 4.

8   « *Et cum omnis natura ad ultimum quendam finem ordinetur, consequitur ut hominis duplex finis existat : ut, sicut inter omnia entia solus incorruptibilitatem et corruptibilitatem participat, sic solus inter omnia entia in duo ultima ordinetur, quorum alterum sit finis eius prout corruptibilis est, alterum vero prout incorruptibilis.* », *Mon.* III, xv, 6.

9   « *Duos igitur fines providentia illa inenarrabilis homini proposuit intendendos : beatitudinem scilicet huius vite, que in operatione proprie virtutis consistit et per terrestrem paradisum figuratur ; et beatitudinem vite ecterne, que consistit in fruitione divini aspectus ad quam propria virtus ascendere non potest, nisi lumine divino adiuta, que per paradisum celestem intelligi datur.* », *Mon.* III, xv, 7.

10 « *Ad has quidem beatitudines, velut ad diversas conclusiones, per diversa media venire oportet. Nam ad primam per phylosophica documenta venimus, dummodo illa sequamur secundum virtutes morales et intellectuales operando ; ad secundam vero per documenta spiritualia que humanam rationem transcendunt, dummodo illa sequamur secundum virtutes theologicas operando, fidem spem scilicet et karitatem.* », *Mon.* III, xv, 8.

11 « *Has igitur conclusiones et media, licet ostensa sint nobis hec ab humana ratione que per phylosophos tota nobis innotuit, hec a Spiritu Sancto qui per prophetas et agiographos, qui per coecternum sibi Dei filium Iesum Cristum et per eius discipulos supernaturalem veritatem ac nobis necessariam revelavit, humana cupiditas postergaret nisi homines, tanquam equi, sua bestialitate vagantes "in camo et freno" compescerentur in via.* », *Mon.* III, xv, 9.

12 « *Propter quod opus fuit homini duplici directivo secundum duplicem finem : scilicet summo Pontifice, qui secundum revelata humanum genus perduceret ad vitam ecternam, et Imperatore, qui secundum phylosophica documenta genus humanum ad temporalem felicitatem dirigeret.* », *Mon.* III, xv, 10.

Sans donc tomber dans le pessimisme de l'augustinisme politique, Dante affirme ainsi la nécessité d'un double pouvoir et son réalisme a pu être rapproché du thomisme, comme aussi de l'averroïsme l'importance qu'il accorde à la béatitude intellectuelle[13]. En fait Dante n'est ni averroïste, ni thomiste comme l'a bien montré Gilson, qui accentue toutefois son opposition au thomisme[14]. Quant à Guido Vernani, il affirme, certes en cohérence avec saint Thomas, que la béatitude temporelle ne saurait constituer pour l'homme une fin ultime et qu'elle reste finalisée à la quête de la béatitude éternelle[15]. La béatitude temporelle ne constitue nullement à ses yeux une finalité naturelle ultime de l'homme et il semble la résorber dans la béatitude éternelle, contrairement à Dante qui dès le *Banquet* distinguait non pas deux mais trois béatitudes. Dans la *Monarchia*, il regroupait ainsi implicitement les deux béatitudes naturelles de la vie active et de la vie contemplative sous la fin ultime concernant le composé humain (et non la seule âme immortelle) confiée à l'empire. Au contraire, nous relevions que Guido Vernani, dans son commentaire de *l'Éthique à Nicomaque*, semblait rapporter toute spéculation à l'âme séparée tandis qu'au composé ne correspondraient que la quête des vertus

---

13 *Cf.* Bruno Nardi, *Dal "Convivio" alla "Comedia" (Sei saggi danteschi)*, Rome, Istituto Storico Italiano per il Medio Evo, 1960 ; encore récemment, Paolo Falzone, « La dottrina delle intelligenze separate come "puri atti" in Dante (*Convivio* II 4, *Paradiso* XXIX, *Monarchia* I 3), dans *Il Convivio di Dante*, Johannes Barthuschat, Andrea A. Robiglio éd., Ravenne, Longo ; 2015, p. 165-190.

14 Étienne Gilson, *Dante et la philosophie*, Paris, Vrin, Études de Philosophie Médiévale, 28, 1939, p. 209-211.

15 « *Dicit enim quod homo ad istos duos fines ordinatur a Deo. Ad hoc dico quod ad beatitudinem temporalem non ordinatur homo a Deo tamquam ad finem ultimum, quia talis beatitudo nunquam terminare et satiare potuit hominis appetitum ; sed operatio talium virtutum, etiam philosophice loquendo, ordinatur ad felicitatem contemplativam, ut scilicet per virtutes, sedatis passionibus, homo per sapientiam possit eterna quietius et liberius contemplari. [...] Ordinatur ergo homo ad felicitatem æternam tamquam ad finem ultimum, propter quem consequendum omnia sua bona naturalia, moralia et gratuita debet dirigere et referre.* », « Il dit en effet que l'homme est ordonné par Dieu à ces deux fins. À quoi je réponds qu'à la béatitude temporelle, l'homme n'est nullement ordonné par Dieu comme à une fin ultime, car jamais une telle béatitude n'a pu venir à bout de l'appétit de l'homme et le rassasier. Mais l'opération de telles vertus, pour parler philosophiquement, est ordonnée à la béatitude contemplative, afin que ses passions, évidemment calmées par les vertus, l'homme puisse par la sagesse, contempler les réalités éternelles, plus posément et plus librement. [...] Chapitre 3. Car l'homme est ordonné à la félicité éternelle comme à sa fin ultime, à la poursuite de laquelle, il doit diriger et rapporter tous ses biens naturels, moraux et reçus par grâce. », Guido Vernani da Rimini, *De reprobatione Monarchiæ*, Nevio Matteini éd., dans *Il più antico oppositore politico di Dante : Guido Vernani da Rimini*, Padoue, CEDAM, 1958, p. 117, (nous traduisons).

morales[16]. Mais en ne reconnaissant qu'une véritable béatitude : celle éternelle promise aux élus et en solidarisant ainsi les deux béatitudes spirituelles, temporelle et éternelle, son anthropologie tend en fait à cantonner le pouvoir temporel de l'empereur au domaine de la paix et de la régulation des passions par les vertus morales. Nous le relevions dès son traité *De potestate Summi Pontificis* de 1327, antérieur donc de deux ans à son attaque contre Dante[17]. Celui-ci place au contraire sous la responsabilité de l'empereur, non seulement la paix civile condition de la prospérité des corps, mais aussi le développement des sciences, arts et lettres permettant dès ici-bas un épanouissement intellectuel, fût-il inférieur à la béatitude parfaite, éternelle des âmes des saints au ciel.

Mais ce qui spécifie la position de Dante est qu'il rapporte l'origine de l'un et l'autre pouvoir, temporel ou spirituel, directement à la même source dans le principe divin. Marsile de Padoue pensait leur indépendance sans les rapporter explicitement à cette source directe, sinon à travers le suffrage populaire, au risque de soumettre finalement le détenteur du pouvoir spirituel aux fins du temporel. En rapportant les deux fins à leur source divine, Dante ne permet-il pas de penser une laïcité assumant leur « *double bind* » ? La légitimité du pouvoir de l'empereur au temporel lui vient directement du principe divin sans la médiation d'un sacre par le pouvoir spirituel. Quant au pouvoir spirituel, directement voulu par Dieu, il n'est pas davantage transmis par des intermédiaires temporels tant dans l'Église que dans l'empire. Pourtant, il reste soumis au temporel au pouvoir universel de l'empereur voulu et conféré en son domaine directement par le principe divin. Réciproquement, pour Dante, l'empereur reste soumis en son domaine au pouvoir spirituel du pape qui n'a d'autre source que ce même principe divin. La reconnaissance de

---

16   « *Quantum intellectus differt a composito in puritate naturæ, tanto differt operatio speculativa ab operatio quæ sit secundum virtutem moralem* », « Autant l'intellect diffère du composé, dans la pureté de sa nature, autant l'opération spéculative diffère de l'opération menée selon la vertu morale », (nous traduisons), Guido Vernani, *Commentaire de l'Éthique à Nicomaque*, X, dist. 5, c. 7, Ms. Vat. Lat. 1172, f. 87 VA.

17   « *Operatio vero circa ista [potentia Regalis] est servare justitiam et pacem Reipublicæ procurare, quæ pax ad æternam pacem et beatitudinem ordinatur.* », « À vrai dire, l'opération de celle-ci (la puissance royale), est de préserver la justice et de procurer la paix républicaine, laquelle paix est ordonnée à la paix et à la béatitude éternelle. », (nous traduisons), *Id.*, *De potestate Summi Pontificis*, dans *Fratris Guidonis Ariminiensis Ordinis Prædicatorum, De potestate Summi Pontificis et De reprobatione Monarchiæ, compositæ a Dante Alighero Florentino, Tractatus duo, nunc primum in lucem editi*, Bologne, apud Thomam Coli, ex Typographia S. Thomæ Aquinatis, 1746, p. 70 (nous traduisons).

cette unique source divine et directe des deux pouvoirs n'est-elle pas le fondement requis par la laïcité dantesque ? Laïcité non pas athée, mais au moins déiste ? Reconnaissant le pouvoir du pape dans le domaine spirituel n'est-elle pas nécessairement chrétienne, ou plus exactement de chrétienté ?

On pourra en voir ici une limite historique. Ne pouvons-nous lire en ce sens la présence implicite dans les dernières lignes de la *Monarchia* de la thématique des deux luminaires[18], appliquée au pape et à l'empereur généralement invoquée dans des contextes théocratiques[19]. Simple précaution prise par le poète philosophe pour satisfaire aux exigences guelfes ? Le poète concède que la félicité temporelle reste ordonnée à l'éternelle. Cette concession n'est-elle pas incohérente avec le cœur de son argumentation qui en faisait deux fins ultimes indépendantes ? À moins que cette finalisation « *in extremis* » n'empêche pas l'indépendance de leur poursuite par l'un et l'autre pouvoir ici-bas ? Dans ce cas, l'analogie des deux luminaires viendrait au contraire renforcer la thèse laïque des « *duo ultima* ». La révérence filiale due par César à Pierre ne concerne que le rang et les honneurs, non leurs pouvoirs respectifs. Dans le contexte historique des tensions qui existent entre eux lorsqu'il écrit son ouvrage, et qui ne cesseront de se détériorer dans les années qui suivront, Dante ne préfère-t-il pas que l'empereur soit en état de grâce plutôt qu'excommunié, s'il doit rayonner sur l'ensemble du globe terrestre ? Pourtant, le dernier mot ne reste-t-il pas à sa théorie des « *duo ultima* » par le rappel que ce pouvoir même de l'empereur lui vient directement du principe divin, présidant tant au temporel qu'au spirituel ? Subtile dialectique du pouvoir et des honneurs.

Ce qui nous intéresse aussi c'est que cette laïcité ouvre un double espoir de Dante. Espoir temporel d'un pouvoir politique qu'il veut aussi universel que celui de l'Église catholique de son temps afin de garantir l'accès à une béatitude temporelle rendue possible par la paix romaine

---

18   Présence qui a déjà fait couler beaucoup d'encre, assez récemment encore *Cf.* Gabriele Carletti, « Dante e la teoria delle "duo magna luminaria" », dans *Prima di Machiavelli, Itinerari e linguaggi della politica tra il XIV e il XVI secolo*, Gabriele Carletti éd., Pescara, Edizioni Scientifiche Abruzzesi, 2007, p. 55-72.

19   « *Que quidem veritas ultime questionis non sic stricte recipienda est, ut romanus Princeps in aliquo romano Pontifici non subiaceat, cum mortalis ista felicitas quodammodo ad inmortalem felicitatem ordinetur. Illa igitur reverentia Cesar utatur ad Petrum qua primogenitus filius debet uti ad patrem : ut luce paterne gratie illustratus virtuosius orbem terre irradiet, cui ab Illo solo prefectus est, qui est omnium spiritualium et temporalium gubernator.* », Mon. III, XV, 17-18.

mais nullement limitée à la prospérité des corps[20]. Cet espoir sera rallumé et rapidement déçu par différentes figures d'empereurs de son temps comme se plaisait à le rappeler Jean Hein[21]. La principale source des troubles politiques n'est-elle pas la confusion des pouvoirs ? Thème récurrent dans l'œuvre de Dante, il concerne aussi bien les empiètements du temporel sur le spirituel avec le « mal de France » que ceux inverses des armées du pape[22]. Espoir temporel donc d'un pouvoir universel dépassant les limites de sa chère cité d'où il fut exilé[23] et qui pourrait l'y ramener. Espoir humaniste beaucoup plus large[24], des conditions temporelles d'un épanouissement intellectuel de l'humanité pouvant d'ailleurs laisser une place aux laïcs[25]. Mais cet espoir temporel du fait de l'indépendance des *duo ultima*, n'éteint pas l'espérance théologale, désir naturel de voir Dieu selon la théologie thomiste ou espérance chrétienne. Sur cette question encore, la laïcité de Dante nous parait rester ouverte. C'est toutefois dans le contexte d'une spiritualité chrétienne très particulière nous semble-t-il qu'elle sera mise en scène par le poète dans les derniers chants du Paradis, écrits on le sait dans ses dernières années. Pour autant, décrivent-ils une vision béatifique atteinte dès cette vie ? On nous permettra d'en douter et au passage d'argumenter là-contre.

---

20 *Cf.* Marino Pérez Carrasco, « Naturaleza y providencia en el pensamiento politico de Dante Alighieri », dans, *El pensamiento político en la Edad Media*, Pedro Roche Arnad éd., Madrid, Fundacion Ramon Areces, 2010, p. 577-586.

21 *Cf.* Jean Hein, *Enigmaticité et Messianisme dans la Divine Comédie*, Florence, Olschki, 246, 1992 ; *Id.*, « Concept et image du temps dans la Divine Comédie », dans *Pour Dante, Dante et l'Apocalypse*, Bruno Pinchard et Christian Trottmann éd., Paris, Champion, Le savoir de Mantice, 7, 2001, p. 161-180.

22 *Cf.* par exemple *Purg.* VII, 109 sur le mal de France ; *Purg.* XVI, 106-111 : un soleil éteint l'autre, la confusion de l'épée et de la crosse pastorale est source du mal ; *Purg.* XX, 91-93, où le nouveau Pilate est accusé d'avoir détruit l'Ordre du Temple ; *Par.* VI, 1 : la Donation de Constantin, fait remonter l'aigle contre le ciel…

23 Pour un point sur ce sujet, Giuliano Milani, « An Ambiguous Sentence, Dante Confronting his Banishment », dans *Images and Words in Exile. Avignon and Italy During the First Half of the XIVth Century*, Elisa Brilli *et alii* eds., Florence, SISMEL, Edizioni del Galluzzo, 2015, p. 139-151.

24 *Cf.* Maria Luisa Ardizzone, *Dante, il paradigma intelletuale. Un' « inventio » degli anni fiorentini*, Florence Olschki, 2011.

25 *Cf.* Ruedi Imbach, *Laien in der Philosophie des Mittelalters Hinweise und Anregungen zu einem vernachlässigten Thema*, Amsterdam, B. R. Gruner, 1989 ; *Id.*, *Dante, la philosophie des Laïcs*, Paris, Cerf, 1996 ; *Id.*, « "Mirabile incrementum", A proposito della nuova edizione della Monarchia di Prue Shaw », dans *Studi danteschi* 75, 2010, p. 25-36 ; Ruedi Imbach, Catherine Kœnig Pralong, *Le défi Laïque : existe-t-il une philosophie de laïcs au Moyen Âge ?*, Paris, Vrin, 2013.

Ce qui nous intéressera surtout, c'est qu'il faut qu'intervienne saint Bernard pour mener le poète au terme de sa pérégrination. L'on s'est beaucoup interrogé sur la place particulière ainsi attribuée à l'Abbé de Clairvaux dans la *Divine Comédie* et une première hypothèse serait d'y voir une influence du Joachimisme[26]. Avant de proposer notre propre explication théologique de la présence de Bernard dans les trois derniers chants du Paradis, nous voudrions revenir sur la figure de Bernard dans la pensée de Joachim de Flore et l'influence de son herméneutique[27] qu'on peut y relever.

LA FIGURE JOACHIMITE DE BERNARD
ET LA PRÉSENCE DE L'HERMÉNEUTIQUE JOACHIMITE
DANS LES DERNIERS CHANTS DU PARADIS

Bernard surgit, par surprise au v. 59 du chant XXXI, présenté comme un vieillard revêtu de la gloire de la gent céleste[28]. Cette figure du vieillard évoque en premier lieu une typologie apocalyptique. Bernard devrait-il être compté parmi les vingt-quatre vieillards de l'Apocalypse (4, 10) ? Cela le revêtirait d'une dimension prophétique[29]. À moins qu'il faille voir en lui l'un des deux témoins qui doivent venir en précurseurs du Christ triomphant à son retour ? Ils ont été reconnus par la tradition la plus répandue pour être Moïse et Élie, du fait de leurs pouvoirs (*Ap.* 11, 5-6). Or pour Joachim de Flore, Bernard est la figure de ce

---

26 *Cf.* Sergio Cristaldi, *Dante di fronte al gioachimismo. I. Dalla* Vita Nuova *alla* Monarchia, Caltanissetta-Roma 2000 ; II, *Occasioni dantesche*, Caltanissetta-Roma 2004.

27 *Cf.* Marjorie Reeves, « The Third Age : Dante's Debt to Gioacchino da Fiore, dans *L'Età dello Spirito e la fine dei tempi in Gioacchino da Fiore e nel gioachimismo medievale*, Atti del II Congresso Internazionale di Studi Gioachimiti, Antonio Crocco éd., San Giovanni in Fiore, Centro Internazionale di Studi Gioachimiti, 1986, p. 125-140.

28 « *Uno intendëa, e altro mi rispuose : / credea veder Beatrice e vidi un sene / vestito con le genti glorïose* », *Par.* XXXI, 58-60.

29 *Cf.* Antonio Crocco, *Simbologia gioachimita e simbologia dantesca : nuove prospettive d'interpretazione della Divina Commedia*, Naples, Empireo, 1961 ; Lucia Battaglia Ricci, « "Dice Isaia"… Dante e il profetismo biblico », dans *La Bibbia di Dante, Esperienza mistica, profezia e teologia biblica in Dante. Atti del convegno internazionale di studi (Ravena 7-11-2009)*, Giuseppe Ledda éd., Ravenne, Centro Dantesco dei Fratti conventuali, 2011, p. 49-75.

nouveau Moïse qui doit de son témoignage précéder le retour du Christ en Gloire. Rappelons que Joachim de Flore voit dans le monachisme l'accomplissement le plus parfait de cette vie dans l'Esprit. Rapportant au Père dans sa vision trinitaire, la vie dans le mariage vécue par les patriarches de l'Ancien Testament, et au Fils l'ordre des clercs, il entend ainsi se situer au seuil de l'accomplissement d'un temps de perfection où les moines prendront la direction de l'Église et de l'humanité pour la conduire à sa plénitude dans l'Esprit Saint.

Précisons que, selon cette vision ternaire de l'histoire dont la forme se stabilise chez Joachim dans les années 1186-1187, chacun de ces états de l'humanité va correspondre à un temps comportant à chaque fois un nombre fixe de générations, de son début à son apogée et à sa fin, comparables à celles indiquées au début de l'Évangile de Matthieu. Peut ainsi être construit un arbre de l'humanité enraciné en Adam et culminant avec le retour eschatologique du Christ. En fait, le premier âge s'étend, du moins dans une version révisée, d'Adam à la première venue du Christ, pour culminer avec Abraham (avec qui commence la généalogie de Matthieu). Le second âge sacerdotal commencé sous Ozias, culminerait avec Zacharie officiant dans le temple et père de Jean-Baptiste, pour s'achever précisément à l'époque de Joachim de Flore. Le troisième temps enfin, commençant avec saint Benoît, initiateur du monachisme d'Occident, arriverait à son apogée exactement au temps de Joachim et de la fondation de Cîteaux. Cette périodisation des trois âges connaît des variations, mais disons qu'une première figure de cette pensée éminemment symbolique se trouve dans la *Genealogia*, dont la première partie remonte à 1176 et constitue l'écrit le plus anciennement attesté de l'ermite calabrais. C'est celle d'un figuier croissant d'abord seul durant 42 générations d'Abraham à Azarias (conformément ici au texte de Matthieu), sur lequel est entée une vigne, qui se déploie parallèlement à ce tronc initial durant vingt générations d'Azarias au Christ. Puis, la vigne croît seule pour quarante-deux autres générations symétriques des précédentes, de la première venue du Christ à son retour eschatologique.

Or cette question du rôle du monachisme est approfondie par Joachim de Flore dans ses écrits sur la vie et la règle de saint Benoît. L'abbé de Flore y déploie une vision très ample de l'histoire du monachisme, censé jouer un rôle moteur dans le dernier des trois âges. Il commence par rappeler que, né en Orient, le monachisme a été transféré par Benoît chez les latins où il a connu sa maturité avec l'Ordre Cistercien. Le moine calabrais applique sa méthode exégétique en faisant correspondre en premier lieu, les étapes spirituelles de l'histoire des patriarches de la Genèse à celles de l'histoire de l'Église et du monachisme. Ainsi, dans un premier temps[30] Abraham représente l'ordre des patriarches, Isaac celui des apôtres, et de leurs successeurs, les évêques grecs et latins, tandis que Jacob figure ces derniers exclusivement. Mais si l'on décale d'un cran, voire deux[31], Abraham désignera les évêques d'Orient et d'Occident et Isaac le fils donné au monde latin : Benoît, fondateur du monachisme d'occident. Or Isaac eut deux fils, que l'exégète va associer aux moines noirs et aux moines blancs[32]. C'est par l'intervention de Rébecca, figurant la grâce de l'Esprit Saint que la primauté fut donnée à Jacob représentant l'Ordre cistercien sur Ésaü et l'Ordre bénédictin. Joachim se plait à faire jouer de multiples manières cette exégèse typologico-historique : les pères abbés qui préfèrent être craints qu'aimés envoient les fils aînés à la chasse, en quête de biens temporels[33]. De même, le corbeau en habit noir ne revient pas vers l'arche de Noé tandis que la blanche colombe de paix rapporte le rameau[34].

Joachim de Flore se complait encore en divers parallèles entre la vie de saint Benoît et celle de l'Ordre ou de l'Église : il déjoue les tentatives d'empoisonnement par le pain d'une morale frelatée délivrée par des clercs indignes ou le vin de la spiritualité vénéneuse des mauvais moines qui s'en prennent à sa vie. De même l'Ordre doit déjouer les pièges d'un clergé malveillant et des moines dévoyés, mais reçoit aussi la protection de bons évêques figurés par le prêtre qui partagea avec Benoît son repas de Pâques[35]. Préfigurées par Abraham, Sarah et Isaac, les trois figures de Germain, Scholastique et Benoît manifestent selon le moine millénariste, dans leur eschatologie personnelle, le passage du second au troisième état dominé par le monachisme[36]. Renonçant faute

---

30 Joachim de Flore, *Sur la vie et sur la Règle de saint Benoît*, R. Rusconi éd., *Sulla vita e sulla Regola di san Benedetto*, Rome, Viella, 2012, I, 1, p. 58-61.

31 *Ibid.*, I, 2, p. 60-63.

32 *Ibid.*, I, 3, p. 62-71.

33 *Ibid.*, p. 64-67.

34 *Ibid.*, p. 66-67.

35 *Ibid.*, II, 2, p. 84-87.

36 « *Eodem modo a principio in Abraam, in Sara et Ysaac tria ista designata sunt. Sed et nunc simili modo in Germano, Scolastica et Benedicto, pertinens ad finem status secundi et initium et perfectionem tertii, significatio facta est. Etenim in Germano episcopo sanctorum ordo episcoporum*

d'espace à passer en revue les correspondances qui se multiplient entre Ancien, Nouveau Testament, vie de Benoît et vie de l'Ordre cistercien, nous nous contenterons de les organiser dans le tableau suivant.

Abraham	Sarah	Isaac
Germain	Scholastique	Benoît
Ordre des évêques du 2ᵉ âge	Ordre cistercien	Ordre monastique du 3ᵉ âge
Pierre	Marie mère de Dieu	Jean
Aaron	Marie sœur de Moïse	Moïse

Ce détour monastique nous ramène à Bernard car c'est à la congrégation cistercienne, figurée par sainte Scholastique, qu'est assigné le rôle d'assurer le lien entre l'ère des clercs et celle des moines[37].

Après la vie de saint Benoît, c'est sa règle qui fait l'objet à partir du livre III, d'une exégèse allégorique, fondée d'abord sur le choix des psaumes et des lectures[38]. Mais cette exégèse eschatologique interprète aussi les signes des temps : la prise de Jérusalem par les Francs, et les menaces pesant sur leur fragile royaume d'Orient font reconnaître après celles des Assyriens ou des Perses la puissance sarrasine dans la quatrième bête de l'apocalypse dont la tête semblait presque morte (lors du triomphe franc) mais menace de reprendre vie[39]. Le calabrais

---

designatus est [...] Petrus ordinem significat celericorum, monachorum Iohannes, Maria mater Domini circumcisionis, possumus eodem modo, quo et scriptum est, in primo loco accipere Scolasticam cum matre Domini, in secundo Germanum cum Petro, in tertio Iohannem cum Benedicto, sive - ut repetamus antiqua – Scolastica cum Maria sorore Moysi, Germanum episcopum cum Aaron, Benedictum legislatorem monachorum cum Moyse legislatore populi Israël. », ibid., p. 98. « De la même manière, à l'origine, ces trois instances sont désignées en Abraham, Sarah et Isaac. Mais maintenant encore, de la même manière en Germain, Scolastique et Benoît, il est fait allusion à la période s'étendant jusqu'à la fin du second état et au début et à la perfection du troisième [...] Pierre signifie l'ordre du clergé, Jean celui des moines, Marie, mère du Seigneur, celui de la circoncision, nous pouvons d'après ce qui est encore écrit, rapprocher en premier lieu Scolastique de la mère de Dieu, en second lieu, Germain de Pierre, en troisième lieu, Jean avec Benoît, ou – pour répéter les temps reculés – Scolastique avec Marie, sœur de Moïse, l'évêque Germain avec Aaron, Benoît, législateur des moines avec Moïse, législateur du peuple d'Israël »

37 Ibid., p. 102-105.
38 Ibid., p. 124-129.
39 « ... quamvis pro eo quod gens Persarum his, qui dicuntur Sarraceni, adhesit et unus populus facti sunt – sicut fecit Assiriorum, qui transtulit Syros in Assirios –, visum fuit multo tempore caput illud sextum in Sarracenis durasse, usque videlicet ad ea tempora, quo genus istud Sarracenorum ascendit, qui cognominati sunt Thurchi... », ibid., p. 136-137 « ... il est vrai que, dans la

écrit avant la reprise de Jérusalem. Toutefois, il a pu entendre parler de la menace de Saladin en particulier par les émissaires envoyés au plus tard en 1184 en Europe par ce royaume menacé[40]. Ainsi Bernard apparaît-il comme figure centrale de ce passage apocalyptique du second au troisième état. Il prêche dans l'esprit de Moïse, la deuxième croisade qui sera un fiasco. Mais sa prédication répand aussi la vie monastique, avec le succès considérable dû à son éloquence légendaire qui engendre les nombreuses filiations de Clairvaux[41].

Soulignons ce rôle historique et eschatologique de Bernard avec l'éditeur du *Commentaire sur la vie et la règle de saint Benoît*. Pour Joachim, comme Jean Baptiste, venant dans l'esprit d'Élie, précède le Christ en son premier avènement dans l'Incarnation, Bernard, venant dans l'esprit de Moïse, est le précurseur de son dernier avènement eschatologique[42]. Le temps de transition assuré ici par Cîteaux vers le monachisme accompli ne doit d'ailleurs pas durer plus de quatre-vingt-dix ans[43]. Notre vieillard du chant XXXI ne pourrait-il être ce nouveau Moïse monastique dont Dante aurait perçu l'importance chez Joachim de Flore ? Outre le millénarisme, en quête d'une division de l'histoire donnant sens au temps actuel conçu comme le dernier, c'est sans doute cette survalorisation de l'état de vie monastique qui caractérise la pensée de l'abbé de Flore[44].

---

mesure où la race des Perses, s'est attachée à ceux qu'on appelle Sarrazins au point de ne plus faire qu'un seul peuple avec eux – comme fit celle des Assyriens qui transcrivirent Syriens en Assyriens, il s'avère que cette sixième tête dura pendant longtemps chez les Sarrazins, c'est-à-dire jusqu'à ce temps où s'éleva cette race de Sarrazins qu'on nomme les Turcs... » (nous traduisons).

40	*Ibid.*, p. 136-139 et la note 52, p. 139.
41	« *Missus est sanctus Bernardus in spiritu Moysi sicut Johannes Babtista in spiritu et virtute Helie. Quamvis illud aliter accipiendum sit : Qui multos quiddem aggregavit discipulos potentia quadam virtute verborum...* », *ibid.*, p. 140-143 « Saint Bernard fut envoyé dans l'esprit de Moïse, comme Jean Baptiste, dans l'esprit et la puissance d'Élie. Et on peut encore comprendre cela autrement : lui qui il est vrai s'attira de nombreux disciples par une certaine puissance d'une indéniable excellence de ses paroles » (nous traduisons).
42	Roberto Rusconi, cit., p. 141, n. 62 ; *Cf.* également Bernard McGinn, « Alter Moyses : The role of Bernard of Clairvaux in the Thought of Joachim of Fiore », dans *Cîteaux*, 1991, p. 429-448.
43	Joachim de Flore, *Sur la vie et sur la Règle...*, éd. citée, p. 168-169.
44	Joseph Ratzinger avait identifié ces deux principales spécificités, lui qui voyait dans sa doctrine le confluent d'une utopie monastique et d'une eschatologie chiliaste. *Cf.* Joseph Ratzinger, « Eschatologie und utopie », *Communio*, éd. Allemande, 1977, 2, p. 108, cité par Henri de Lubac, *La postérité spirituelle de Joachim de Flore*, 2 vol., Paris-Namur 1978-1980 I, p. 215.

Nous ne retrouvons pas chez Dante, chantre d'un amour courtois sinon conjugal, l'insistance de l'ermite calabrais sur le rôle du monachisme. Cependant, la méthode exégétique de l'abbé de Flore imprègne la *Divine Comédie* et en particulier les trois derniers chants du Paradis qui nous occupent[45]. Nous venons d'évoquer la situation chez lui de l'Ordre cistercien dans une filiation qui le place parmi une série de femmes : deux appartenant à l'Ancien Testament : Sarah et Myriam, sœur de Moïse et deux au Nouveau : Marie et Scolastique. Or, au chant XXXII, on se souvient que sous le trône de la Vierge Marie se trouve le mur formé par la colonne des « femmes hébreuses », pour reprendre la traduction datée mais suggestive de Lamennais, parmi lesquelles rappelons-le on trouve outre Ève et Marie, Rachel, siégeant au troisième ciel comme Béatrice, mais également Sarah et Rebecca. En plus des trois épouses des Patriarches Abraham, Isaac et Jacob, on retrouve également Judith et Ruth, mentionnée dans la filiation du Christ au début de l'évangile de Matthieu et évoquée comme bisaïeule de David. On a pu gloser sur le choix opéré par Dante parmi les femmes de l'Ancien Testament. L'héroïsme de Judith est évident, mais le rôle de ce mur des femmes d'Israël est surtout de faire le partage entre ceux qui ont attendu le Christ comme Messie à venir et ceux qui ont porté leur regard sur un Christ déjà advenu[46]. Les femmes choisies par Dante ne sont-elles pas celles qui ont défendu (Judith), choisi (Ruth) ou simplement transmis la foi juive (Sarah, Rebecca, Rachel), puisque c'est par elles que la reçurent les Patriarches ? À ce titre, Ève n'a-t-elle pas sa place parmi elles, puisqu'elle fut la première à porter au sortir du paradis un espoir messianique ?

Ajoutons que le mur des femmes est doublé par un autre : celui de Jean-Baptiste. N'est-il pas par excellence, lui aussi, la charnière des deux Testaments ? Dernier des Prophètes, le plus grand de l'Ancien Testament, il est plus petit que le plus petit dans le royaume *(Mt.* 11, 11). C'est cette grandeur du patron de Florence que rappelle Dante qui le nomme « *gran*

---

45   *Cf.* Julia Bolton Holloway, *The Pilgrim and the Book : A Study of Dante*, New York, Langland and Chaucer, 1987 ; éd. italienne, revue et augmentée : *Il Pellegrino e il Libro. Uno studio su Dante Alighieri*, Florence, Firenzelibri, 2012 ; V. Stanley Benfell, *The Biblical Dante*, Toronto, University of Toronto Press, 2011.

46   « *Da questa parte onde 'l fiore è maturo / di tutte le sue foglie, sono assisi / quei che credettero in Cristo venturo ; / da l'altra parte onde sono intercisi / di vòti i semicirculi, si stanno / quei ch'a Cristo venuto ebber li visi.* », *Par.* XXXII, 22-27.

Giovanni[47] ». Mais ceux qui siègent avec lui sont tous postérieurs à la venue du Christ : François, Benoît et Augustin[48]. Qu'est-ce qui fait leur unité ? Ils sont comme Jean-Baptiste des ascètes et qui plus est auteurs de règles de vie. Ce mur n'est pas conforme au purisme monastique de Joachim, puisque François n'est pas moine mais seulement religieux, même si sa pauvreté et ses stigmates ne lui laissent rien à envier à la sainteté des deux autres. Notons d'ailleurs que l'ascèse du Baptiste ne se cantonne pas à la retraite au désert qui le rapprocherait des moines. Cette vie est complétée par la mort du martyre sanglant, et ce qui est plus original chez Dante, par les deux ans en enfer. Le Baptiste pouvait-il ainsi séjourner en ce lieu où résident les âmes auxquelles aucun espoir n'est plus permis ? Ne faut-il pas plutôt comprendre qu'entre sa décapitation et l'ouverture du Paradis par le Christ lors de son Ascension, il lui faut patienter deux ans non en enfer, mais dans les enfers en leur sommet, le sein d'Abraham, où étaient retenus les anciens pères, privés de la vision béatifique par suite de la faute d'Adam ? Cette colonne monastique ne vient pas séparer une troisième ère spirituelle et monastique comme chez Joachim, mais doubler le mur des femmes d'Israël entre les deux seules ères qui comptent : avant et après la venue du Messie. Dante n'est-il pas indemne de la tentation chiliaste et monastique de l'ermite Calabrais ? En revanche son organisation même des sommets du Paradis n'est-elle pas conforme à l'herméneutique de l'Abbé de Flore ?

Rappelons qu'à Adam de Perseigne qui lui demandait si ses prévisions se fondaient sur la prophétie, la conjecture ou la révélation, il répondait en se déniant de tels dons spéciaux, mais en revendiquant une intelligence de l'Écriture comparable à celle des auteurs qui la rédigèrent sous l'inspiration divine[49]. La revendication d'un tel don d'intelligence pourra paraître présomptueuse, sans pour autant entamer

---

47 « *così di contra quel del gran Giovanni, / che sempre santo 'l diserto e 'l martiro / sofferse, e poi l'inferno da due anni ; »*, *Par.* XXXII, 31-33.

48 *Par.* XXXII, 35.

49 « *Respondit se neque prophetiam neque conjecturam, neque revelationem de his habere, "sed Deus", inquit, "qui olim dedit prophetis donum prophetiæ, mihi dedit spiritum intelligentiæ, ut in Dei spiritu omnia mysteria sacræ scripturæ clarissime intelligam sicut sancti prophetæ intellexerunt qui olim in Dei spiritu ediderunt." »*, *Radulphi de Coggeshall Chronicon Angliganum*, J. Stevenson éd., dans *Rerum britanicorum scriptores*, 65, 1875, p. 68, « Il répondit qu'il n'avait <reçu> ni prophétie, ni conjecture, ni révélation à leur sujet, "mais Dieu", dit-il, "qui donna autrefois aux prophètes le don de prophétie, m'a donné un don d'intelligence pour que dans l'Esprit de Dieu, je comprenne très clairement tous les mystères des saintes Écritures,

l'orthodoxie du moine calabrais. On la retrouve en effet en plusieurs points névralgiques de son œuvre[50]. Le point de départ de sa pensée est donc sa méthode exégétique et l'herméneutique qu'elle propose. Nous la trouverons d'abord dans la *Concordia*. Il s'agit dans une perspective trinitaire, de rapprocher l'Ancien et le Nouveau Testament, rapportés respectivement au Père et au Fils, non pour en constater seulement la convergence, mais pour faire jaillir dans l'Esprit Saint un troisième sens radicalement nouveau caractérisé comme « évangile éternel ». Ici, ce qui est relaté dans l'*Expositio*[51] comme l'expérience mystique d'une certaine nuit de Pâques, vient éclairer cette approche de l'Écriture. Le verset d'*Ap.* 1, 10 : « *fui in spiritu in dominica die* », est appliqué par le moine cistercien à sa *lectio divina*. C'est dans la résurrection même du Christ, au matin du dimanche de Pâques, au-delà de sa vie évangélique sur cette terre et de sa préparation par les figures de l'Ancien Testament, que le sens spirituel, déchirant la gangue de la lettre qui tue, dévoile sa nouveauté dans l'Esprit qui vivifie[52]. Ce qui est dit ici de la vision Johannique ne peut-il devenir une méthode pour la *lectio* matinale quotidienne de tout cistercien ? Il s'agit de recevoir dans l'Esprit Saint le nouveau texte que Dieu donne pour ce jour à partir de la méditation de ceux de l'Ancien et du Nouveau Testament ruminés par le moine.

---

comme les comprirent les saint prophètes qui les rédigèrent autrefois dans l'Esprit de Dieu" » (nous traduisons).

50   *Cf.* Joachim de Flore, *Psalterium*, f. 227 a-c ; *Expositio in Apocalypsim*, 39 b-c, 55 b, 175 b ; *Concordia* V, c. 118, f. 135 a-b.

51   *Id.*, *Expositio in Apocalypsim* I, 13, Venise, 1527, réed. anast. Frankfurt am Main, 1964, f. 39 b-c.

52   « *Cur nam Iohannes dixerit "fui in spiritu in dominica die", et utrum pertinet ad rem, quia hec ipsa revelatio libri huius in die dominica facta esse narratur [...] quia Christus de monumento egrediens, spiritum de littera significaverat processum, [...] quia die eodem aperuerit discipulis sensum ut intelligerent scripturas. Cum ergo [...] relegissem perveni ad locum istum in quo dicitur : "fui in spiritu in dominica die". Et nunc primo intellexi quid sibi vellet in mysteriis, quod ait Iohannis : "fui in spiritu in dominica die" conferens mecum, vel ea ipsa que acciderant, vel ea que de ipso die scripta fore noscuntur...* », *ibid.*, f. 39 b, « Pourquoi Jean dit-il donc : "Je fus saisi en esprit, le jour du Seigneur" et en quoi cela concerne-t-il notre propos ? Parce qu'il nous est relaté que la révélation de ce livre a eu lieu un dimanche [...] parce que le Christ sortant du tombeau signifiait le surgissement de l'esprit à partir de la lettre [...] parce que le jour même, il devait en révéler le sens aux disciples, afin qu'ils comprennent les Écritures [...] Alors que [...] je relisais, je parvins <à nouveau> à ce passage où il est dit : "Je fus saisi en esprit, le jour du Seigneur". Et alors, je compris pour la première fois le mystère que recélait cette parole de Jean : "Je fus saisi en esprit, le jour du Seigneur", comparant en moi-même ou ce qui s'était passé ou ce qu'on connaît pour avoir été écrit de ce jour là... » (nous traduisons).

Ici se mêle la tendance chiliaste du calabrais : ce serait saisir la chance de ceux qui se situent à l'aube du troisième état où la révélation ultime est donnée dans un monachisme accompli[53].

De même, l'illumination de Pentecôte relatée au début du *Psalterium* reçu dans une vision est à l'origine d'un premier écrit sur la Trinité repris dans le livre I et qui structure l'ensemble du traité. La place de la *lectio divina* et de la psalmodie monastiques dans ces extases ajouterait un argument à la position de Gian Luca Potestà qui, plutôt que de chercher à les dater y voit une forme de justification de ses écrits par l'abbé confronté à des critiques. *Lectio* et psalmodie[54] ne sont-elles pas les principaux aliments quotidiens de la vie intérieure du moine ?

Dante se montre à plusieurs reprises soucieux de la méthode exégétique. Au début du livre II du *Banquet* il énumère les quatre sens de l'Écriture, insistant sur la primauté du sens littéral[55]. Il les rappelle de nouveau dans la *Lettre à Cangrande*, aux paragraphes 7-8. Ils doivent selon lui s'appliquer également à la *Divine Comédie*. Remarquons au passage que même si la forme en est poétique, le sens littéral en fait un traité de théologie sur le statut des âmes après la mort[56]. Or l'ordre éternel où celles-ci se rangent dans le *Paradis* correspond dans le chant XXXII à cette mise en regard non seulement des deux Testaments, mais de la foi de ceux qui s'y rapportent : les anciens Pères d'avant l'Incarnation étant au complet tandis que ceux qui viennent après attendent les âmes pour qui sont réservées les places encore vacantes. Le poète marque bien une dissymétrie entre une foi attendant l'avènement du Messie et celle qui bénéficie de la grâce apportée par sa venue, tout en faisant siéger symétriquement les âmes issues du Judaïsme et du Christianisme. Nous passons sur le développement théologique concernant les âmes des enfants morts en bas âge. Nous ne nous arrêterons guère plus sur les derniers vers du chant XXXII où nous retrouvons dans l'entourage immédiat de la Vierge, saint Pierre précédé d'Anne à sa place qui ne vaut guère mieux que celle d'Adam précédé quant à lui de Lucie à qui est dévolu un rôle privilégié dans

---

53 *Id., ibid.*, f. 39 c.
54 Sur Dante et les psaumes, *Cf.* Sergio Cristaldi, « Dante e i Salmi », dans *La Bibbia di Dante...*, *op. cit.*, p. 77-120.
55 *Conv.* II, I, 2-15.
56 « *Est ergo subiectum totius operis, litteraliter tantum accepti, status animarum post mortem simpliciter sumptus ; nam de illo et circa illum totius operis versatur processus.* », *Ep.* XIII, 8, 24.

l'intercession en faveur du Poète, sans oublier Moïse siégeant au même niveau que ces deux éminents personnages.

Mentionnons seulement que cette symétrie entre les deux Testament déclenche une onction qui n'est pas sans rappeler le mouvement trinitaire de l'herméneutique joachimite. Nous nous arrêterons donc plus particulièrement sur les vers 85 à 99 qui nous ouvriront une transition avec notre dernière partie. Entre la petite question théologique sur les âmes enfantines et l'évocation de l'entourage immédiat de la Vierge, le Poète décrit en effet une nouvelle onction spirituelle descendant du trône céleste par le truchement des anges, suscitant en lui une admiration supérieure à celle qu'il avait éprouvée jusque-là et lui montrant une ressemblance de Dieu également plus parfaite. Toute la *Comédie* décrit un mouvement ascendant et il est compréhensible que chaque étape atteigne une beauté nouvelle. Mais ce qui nous semble intéressant ici est la modalité du mouvement descendant de l'onction divine. Elle rassérène les visages de ceux sur qui elle se répand comme celle de Pentecôte, mais elle vient par l'*Ave Maria* de l'ange Gabriel. La rose, rosace céleste se fait rosaire. Cette modalité Mariale, fort répandue à l'époque, ne pourrait-elle être une caractéristique de la spiritualité de Dante ? Pour conclure cette seconde partie, ne pourrait-on pas dire que dans son application à l'organisation spatiale de la cour céleste de la symétrie entre personnages de l'Ancien et du Nouveau Testament, Dante est fidèle à la méthode exégétique originale de Joachim de Flore, ainsi que dans la place insigne qu'il accorde à Bernard ? Le poète n'est-il pas en cela plus fidèle à Joachim dans une contemplation céleste nourrie de références bibliques, que les joachimites de son temps cherchant à tirer de lui des prophéties millénaristes sur leur époque ? Steven Botterill qui analyse la place de Bernard dans la culture médiévale et scrute les premiers commentaires de l'œuvre de Dante, relève qu'ils soulignent quatre principales caractéristiques du personnage : contemplation et monachisme, mais aussi mariologie et éloquence de l'*orator* qui est à la fois homme de langage et de prière[57]. Même si le mur des filles de Sion est doublé par celui de Jean-Baptiste, ne trouvons-nous pas chez le poète une dévotion Mariale qui donne aux femmes une place privilégiée, là où le Calabrais attendait davantage son salut du monachisme ? C'est elle qui guide le passage au dernier chant s'ouvrant par la prière de Bernard.

---

57 Steven Botterill, *Dante and the Mystical Tradition, op. cit.*, p. 147.

DE BÉATRICE À LA TRINITÉ,
BERNARD INTERCESSEUR DE LA VISION FINALE

En privilégiant la dimension mariale de la référence dantesque à Bernard, nous nous situons dans une longue tradition remontant aux premiers commentaires[58], mais nous voudrions montrer quelques points d'une connivence théologique, voire philosophique et donc rationnelle plutôt que simplement mystique entre les deux penseurs.

Remarquons déjà, avant de poursuivre la lecture du chant XXXIII, que la mystique sponsale est spécialement présente dès le début du chant XXXI juste avant l'apparition de Bernard et dans un esprit qui correspond bien au sien[59]. La rose blanche de la milice sainte des élus a été gagnée par le sang du Christ qui en fait ainsi son épouse. « Ce mystère est grand » s'écriait saint Paul (*Ep.* 5, 32). Or, Bernard en a une conception eschatologique. Le mystère ne sera pleinement accompli que lorsque tous les élus seront réunis dans la béatitude finale. En attendant elle reste incomplète, ce qui conduira Jean XXII à l'hypothèse de la vision différée, écartée par son successeur Benoît XII dans la Bulle *Benedictus Deus*[60]. Dante ne laisse certes pas entrevoir ce caractère encore inaccompli de la complétude qu'il décrit, mais il met en scène les intercessions de l'Église triomphante, non certes d'abord en faveur de

---

58 Pour ne citer que quelques exemples, Jacopo della Lana, *La 'Comedia' di Dante degli Allagherii col 'Commento' di Jacopo della Lana bolognese*, Luciano Scarabelli éd., Bologne; Tipografia Regia, 1866, 3 vol., III, p. 471, p. 497 ; Francesco da Buti, *Commento di Francesco da Buti sopra la 'divina Comedia' di Dante Allighieri*, Crescentino Giannini éd., Pise, Fratelli Nistri, 1858-1862, 3 vol., III, p. 831, plus près de nous, Edward Moore, *Studies in Dante*, 1896-1917, 4 vol., Colin Hardie réed., Oxford, II, Clarendon Press, p. 62 ; Giovanni Busnelli, Il *concetto e l'ordine del "Paradiso" dantesco*, 2 vol., Città di Castello, Lapi, 1911-1912, I, p. 243 ; *The 'Divine Comedy'*, translated with a commentary by Charles S. Singleton, 3 vol., Princeton, Princeton University Press, 1971-1975, III 2, p. 527 ; Romano Guardini, « Bernhard von Clairvaux in Dantes *Göttlicher Komödie* », *Unterscheidung des Christlichen : Gesammelte Studien 1923-1963*, Mayence, 1963, (p. 558-568) p. 564 ; Giorgio Petrocchi, "Dante e la mistica di san Bernardo", art. cité, I, p. 213-229), p. 224 ; Steven Botterill, *Dante and the Mystical Tradition...*, *op. cit.*, p. 148-193 ; Richard Kay, « Dante in Ecstasy, *Paradiso 33* and Bernard of Clairvaux », dans *Medieval studies* 66 ; 2004, p. 183-212 : p. 183.

59 « *In forma dunque di candida rosa / mi si mostrava la milizia santa / che nel suo sangue Cristo fece sposa* », *Par.* XXXI, 1-3.

60 *Cf.* notre *La vision béatifique des disputes scolastiques à sa définition par Benoît XII*, Rome, B.e.f.a.r. 289, 1995.

l'Église militante ici-bas, mais au sein même de la milice déjà gagnée par le sacrifice unique de la croix. Les commentateurs ont coutume de reconnaître les myriades angéliques en l'autre milice qui intercède au début du chant XXXI comme un essaim d'abeilles entre la divine Trinité et la rosace des bienheureux, sans doute à cause de leurs ailes d'or plus que de leurs faces incandescentes caractéristiques de la gloire de tout esprit bienheureux[61]. En la blancheur dépassant celle de toute neige ne pouvons-nous entendre un écho du récit de la Transfiguration ? Or le mouvement de cet essaim est celui-là même d'une charité glorieuse qui part de la Trinité. Relevons que c'est la descente même de ces esprits bienheureux pour éclairer ceux qui sont en-dessous d'eux qui attise l'ardeur de cette charité[62]. Or la structure propre à la philosophie de Bernard commence par cette articulation entre humilité et charité, ainsi que nous l'avons montré ailleurs[63]. N'est-ce pas autour de cette humilité que dès la *Vita Nuova*, Dante pressent le rôle unique de la Vierge et mère dans le destin de l'humanité[64] ? Il y voit la raison de sa place éminente en paradis, mais le deuxième commencement qui suit immédiatement ne la rapporte-t-il pas à sa charité[65] ? S'explicite ainsi le lien opéré par Dante entre Marie et Béatrice, ou encore la *Donna gentile* qu'on retrouvera au *Banquet* en figure allégorique de la philosophie, mais aussi l'articulation fondamentale entre humilité et charité. Sans attester explicitement une influence philosophique de Bernard, ces quelques vers

---

61   « *Le facce tutte avean di fiamma viva / e l'ali d'oro, e l'altro tanto bianco, / che nulla neve a quel termine arriva.* », *Par.* XXXI, 13-15.

62   « *Quando scendean nel fior, di banco in banco / porgevan de la pace e de l'ardore / ch'elli acquistavan ventilando il fianco.* », *Par.* XXXI, 16-18.

63   *Cf.* Christian Trottmann, « Bernard de Clairvaux, Ælred de Rievaulx et Isaac de l'Étoile philosophes cisterciens », *Lumières Médiévales, saint Bernard, Averroès, saint Thomas d'Aquin, Duns Scot*, Collège des Bernardins, Paris, Methielleux, 2009, p. 21-54 ; *Id.*, *Bernard de Clairvaux, philosophe et homme d'Action*, Troyes, Institut Universitaire Européen Rachl, 2010 ; *Id.*, « Bernard de Clairvaux et l'inflexion cistercienne du socratisme chrétien », *Actes du Colloque de Troyes, Bernard de Clairvaux et la pensée des cisterciens, Revue Cîteaux 2012*, 1-4, p. 45-61 ; *Id.*, « La philosophie comme considération, la contemplation et ses moyens selon Bernard de Clairvaux », dans *Contemplation and Philosophy, Scholastic and Mystical Modes of Medeieval Philosophical Though. A Tribute to Kent Emery Jr.*, éd. Roberto Hofmeister Pich and Andreas Speer, Leiden-Boston, Brill, 2018, p. 41-78.

64   « *Era venuta ne la mente mia / la gentil donna che per suo valore / fu posta da l'altissimo signore / nel ciel de l'umiltate, ov'è Maria.* », *Vita Nuova*, XXXIV, 7. En cohérence avec Bernard, *Homiliæ super "Missus est"*, IV, 9, SBO., IV, p. 55.

65   « *Era venuta ne la mente mia / quella donna gentil cui piange Amore, / entro 'n quel punto che lo suo valore / vi trasse a riguardar quel ch'eo facia.* », *Vita Nuova*, XXXIV, 8.

de la *Vita Nuova* manifestent la profonde convergence contemplative du poète avec lui. L'humilité où s'initie le connais-toi toi-même ne saurait déboucher pour le dernier des Pères de l'Église, sur la contemplation de Dieu sans emprunter d'abord le détour de la charité fraternelle : « Le premier mets est donc celui de l'humilité qui purge avec amertume ; le second est celui de la charité qui console avec douceur ; et le troisième est celui de la contemplation qui rend une âme solide par la force qu'elle lui donne[66] ». Nous reconnaissons-là, à la suite d'Étienne Gilson et de Lambros Couloubaritsis, la structure fondamentale de la philosophie de Bernard et l'inflexion particulière qu'il imprime au socratisme chrétien[67]. Or la ventilation qui attise la charité des abeilles venant butiner ne se prend pas seulement du mouvement volontaire de leurs ailes, mais de leur descente même de gradin en gradin. Cette ardeur de charité résulte ainsi d'une périchorèse qui commence entre les Personnes de la Trinité et descend les différents degrés du paradis pour remonter ensuite. Elle concerne bien en effet le *proodos* et l'*épistrophè* des hiérarchies angéliques, mais pourquoi pas avec elles de tout esprit bienheureux invité à entrer par ses abaissements dans cette danse ? Cela serait conforme à la conception Bernardine du filet de la charité, tendu par les âmes bienheureuses en direction de l'Église militante quitte à les attendre pour entrer au banquet de la joie définitive.

Mais venons-en à l'apparition de Bernard. Le poète trouve un repos dans la contemplation de la rosace céleste et de cette charité qui en rayonne. Pourtant, il est repris par une curiosité qui le fait se tourner vers sa dame. C'est dans cette dialectique de l'Un et du multiple, du tout et du singulier qu'intervient Bernard. Mais il surgit par surprise, dans une substitution inattendue pour le poète d'un singulier à un autre. Cette substitution a déjà fait couler beaucoup d'encre. Elle correspond nous semble-t-il à un élargissement de la vision en même temps qu'à une nouvelle libération pour le poète. C'est généralement dans les yeux de

---

66 « *Primus ergo cibus est humilitatis, purgatorius cum amaritudine; secundus caritatis, consolatorius cum dulcedine; tertius contemplationis, solidus cum fortitudine.* », Bernard de Clairvaux, *Liber de gradibus humilitatis* II, 5, Jean Leclercq - Charles H. Talbot - Henri M. Rochais éd., in *Sancti Bernardi Opera*, 10 vol., Rome 1957-1998 (désormais SBO), III, p. 19, trad. par É. Gilson, dans *Saint Bernard*, Textes choisis et présentés par É. Gilson de l'Académie Française, Paris 1949, p. 106.

67 *Cf.* Étienne Gilson, *Histoire de la Philosophie au Moyen Age*, Paris, Payot, 1986², p. 297 *sq.* ; Lambros Couloubaritsis, *Histoire de la Philosophie ancienne et médiévale*, Paris, Grasset, 1998, p. 1103.

sa bienaimée qu'il voit le paradis ; toutefois, à plusieurs reprises il a dû
en détacher son regard, trop fixe (*Par.* XXXII, 9), averti par la belle en
personne que « le Paradis ne se trouve pas seulement dans ses yeux » (*Par.*
XVIII, 20-21). Ne faut-il pas aussi qu'il la libère pour aller plus avant ?
C'est ainsi que soucieux de savoir où elle est passée, il obtient du vieillard
sa localisation (*Par.* XXXI, 91-93) et lui permet, comme les abeilles angéliques de se tourner, sa mission terminée, vers la source divine. N'a-t-elle
pas besoin que le désir de Dante, et en l'occurrence la curiosité qui le
tournait vers elle, s'en détache afin qu'elle puisse se retourner pleinement
vers Dieu ? Comme si sa charité n'était plus assez large pour regarder à
la fois vers Dante et vers Dieu ? C'est ainsi qu'elle délègue Bernard ou
plus exactement dans la hiérarchie des intercesseurs, que la Vierge qui
n'était pas nommée explicitement par Virgile en *Enf.* II, 93 *sq.*, comme
la première Dame, source de toute intercession, mande Bernard pour
prendre le relais de Béatrice qui avait mené son dévot d'amour jusque-là.
La dévotion amoureuse d'un sentiment humain aspiré par la charité de
la bienheureuse Béatrice avait suffi à l'y faire parvenir.

La présence de la thématique du voile de la Véronique aidera à
comprendre cette nécessaire substitution. Ayant libéré le regard de
Béatrice qui se tourne vers l'éternelle fontaine, c'est Bernard qui répond
à la prière du poète en l'incitant à porter son propre regard plus haut que
le visage de Béatrice qu'il vient de rendre à sa béatitude. Son voyage ne
saurait parvenir à son terme qu'il ne tourne plus haut son attention vers
le rayon divin. Il en va aussi du sens de la mission d'amour charitable de
Bernard qui lui a été envoyé pour cela : non de sa seule vie contemplative,
mais de son active charité envers le poète au terme de son chemin. Car
cette ultime ascension suppose des grâces que Bernard seul peut obtenir
de la reine du Ciel. C'est ici qu'intervient l'analogie poétique du pèlerin
de la Véronique. Pourquoi est-il Croate[68] ? Tout en étant au plus près de
l'actuelle Italie ne vient-il pas d'une autre Europe ? N'avons-nous pas ici
une sorte de Galerie des glaces où les images se répondent en direction
de la plus parfaite ? Le pèlerin contemple la Véronique et médite sur la
vraie image, *vera icona* de son Seigneur découvrant sa « *sembianza*[69] ». Or

---

68   « *Qual è colui che forse di Croazia / viene a veder la Veronica nostra, / che per l'antica fame non
     sen sazia* », *Par.* XXXI, 103-105.
69   « *ma dice nel pensier, fin che si mostra : / "Segnor mio Iesù Cristo, Dio verace, / or fu sì fatta la
     sembianza vostra ?"* », *Par.* XXXI, 106-108.

c'est en contemplant la charité même de Bernard sur le visage du moine qui intercède pour lui que Dante aperçoit cette ressemblance[70]. Et il l'y voit précisément parce que Bernard est le contemplatif par excellence qui goûta dès ici-bas un peu de la paix céleste[71]. Ne sommes-nous pas ici au cœur de la spiritualité Bernardine ? Et dans une parfaite orthodoxie ?

Rappelons que si la plupart des philosophes placent au moins depuis le Socrate de *l'Alcibiade Majeur*, la ressemblance divine de l'âme dans l'intellect, Bernard situe l'image substantielle de Dieu dans le libre arbitre inamissible, ce qui sera repris par Descartes[72]. Pour Augustin, l'image du Dieu Trinitaire reposait sur les trois facultés de mémoire, intelligence et volonté et leur circumincession. Bernard délaisse la raison en qui il ne voit qu'une suivante (« *pedissequa* ») de la volonté dans ses décisions libres[73]. Il est en cela le précurseur des volontarismes modernes. C'est la charité qui déifie et elle transforme en premier lieu la volonté. Saisissons au passage cette occasion de revenir sur l'actualité du néologisme forgé par Dante pour évoquer au début du *Paradis*, le dépassement requis par la contemplation à laquelle il va être élevé ? Il invente alors le verbe « *trasumanar*[74] ». Celui qu'on désigne souvent comme pré-humaniste invite déjà à un dépassement qu'il considère comme un transhumanisme, mais ne relevant pas de l'artefact. La *selbstaufhebung* à laquelle il appelle ne résulte pas d'un effort de la volonté et moins encore d'un artifice technique. Peu avant de rencontrer Bernard, il rappelle que « Où Dieu gouverne immédiatement n'agissent pas les lois de la nature[75] ». Certes, le poète explique au début du chant XXXI ce que représente pour lui ce détachement[76] : il a dû s'arracher à l'humain pour accéder au divin, passer du temps à l'éternité, à la justice d'un peuple

---

70   « *tal era io mirando la vivace / carità di colui che 'n questo mondo, / contemplando, gustò di quella pace.* », *Par.* XXXI, 109-111.

71   Nous sommes ici en plein accord avec Steven Botterill, *Dante and the Mystical Tradition...*, *op. cit.*, p. 82 et Richard Kay, « Dante in Ecstasy... » art. cité, p. 187, à ceci près que selon nous, ces grâces contemplatives ne sont pas nécessairement extatiques.

72   Bernard de Clairvaux, *De Gratia et libero arbitrio* (DGLA), IX, 28, trad., intro. et notes : Françoise Callerot, Marie-Imelda Huille, fr. Jean-Christophe et Paul Verdeyen, Paris, Sources Chrétiennes (SC) 393, 1993, p. 305 ; René Descartes, *Méditation IV*, éd. Charles Adam et Paul Tannery, IX, Vrin, Paris, 1964, p. 45.

73   Bernard de Clairvaux, DGLA, II, 3, trad. cit, p. 250.

74   *Par.* I, 70.

75   *Par.* 30, 122-123.

76   « *io, che al divino da l'umano, / a l'etterno dal tempo era venuto / e di Fiorenza in popol giusto e sano* », *Par.* XXXI, 37-39.

saint qu'il fait contraster avec l'iniquité de la Florence de son temps. Or la contemplation ne saurait résulter de cette seule ascèse, mais bien de la grâce et on a pu rapprocher l'élévation décrite par Dante comme *trasumanar* de la thématique de la *deificatio* chez Bernard[77]. Le ressort de ce transhumanisme n'est donc aucune prouesse technique, mais la dynamique de la grâce qui ne va évidemment pas sans la réponse du libre-arbitre.

Au moment où il vient à contempler la triple lumière le poète se retrouve sourd et muet. L'excès d'un sens semble anéantir l'autre ou plutôt la capacité humaine d'en rendre compte par la parole, voire aussi l'audition souvent associée à la foi. Il n'est plus besoin de croire en ce qui est vu, mais aussi impossible d'en parler, comme l'indiquait déjà le verset que nous venons d'évoquer[78]. De ce transhumanisme, les mots ne sauraient rendre compte, mais l'exemple doit suffire à qui la grâce sert d'expérience. La grâce ferait-elle disparaître la nature ? Faut-il pour autant reconnaître dans ce dépassement de l'humain le rapt paulinien, ce qui ferait de Bernard un « docteur extatique » entrainant son filleul dans des grâces contemplatives exceptionnelles ? Cela conduit Steven Botterill à rapporter le mouvement du *trasumanar* au chemin éducatif parcouru par le poète sous la conduite de Béatrice, tandis que la déification ne pourrait concerner que le dernier mouvement d'extase sous la direction de Bernard[79]. En bonne théologie la grâce n'assume-t-elle-pas la nature ? Seulement, l'éducation de la volonté se fait par l'exemple, jamais de manière scolaire.

Pour autant, Bernard n'accorde pas à cette faculté suprême de la nature humaine la capacité d'atteindre sa perfection surnaturelle dès cette vie. Il s'interroge dans sa *Lettre aux frères de Chartreuse*, reproduite à la fin du traité *De l'amour de Dieu*, sur la possibilité d'atteindre dès ici-bas le quatrième et dernier degré de la charité et il en doute[80]. Car le principal

---

77   Rosetta Migliorini Fissi, « La nozione di *deificatio...* », art. cité.

78   « *Trasumanar significar per verba / non si poria ; però l'essemplo basti / a cui esperïenza grazia serba.* », *Par.* I, 70-72.

79   Steven Botterill, *Dante and the Mystical Tradition...*, *op. cit.*, p. 241.

80   « *Sane in hoc gradu diu statur, et nescio si a quoquam hominum quartus in hac vita perfecte apprehenditur, ut se scilicet homo diligat tantum propter Deum. Asserant hoc si qui experti sunt ; mihi, fateor, impossibile videtur. Erit autem procul dubio, cum introductus fuerit servus bonus et fidelis in gaudium Domini sui, et inebriatus ab ubertate domus Dei : quasi enim miro quodam modo oblitus sui, et a se penitus velut deficiens, totus perget in Deum, et deinceps adhærens ei, unus cum eo spiritus erit.* », Bernard de Clairvaux, *De amore Dei*, XV, 39, M. I. Huille - J. Leclercq

obstacle demeure, même pour les âmes saintes séparées du corps, leur désir de le régir. Difficile question déjà soulevée par Augustin[81] et qui conduira le pape cahorsin à son errance[82]. Nul ne peut voir Dieu et vivre, pas même Bernard, et on a vite fait de lui attribuer des grâces extatiques. Celles qu'il décrit dans les passages invoqués par les partisans d'en faire un mystique visionnaire sont passagères et n'impliquent précisément aucun élément visuel[83]. Simplement, dans le *De gratia et libero arbitrio* où il la distingue du libre arbitre et du libre conseil de la grâce, il accorde que les contemplatifs jouissent par anticipation mais de manière fugace de la liberté de gloire réservée aux bienheureux[84]. Cela ne signifie nullement comme tant de commentateurs ont cru pouvoir l'affirmer[85] que

---

eds., Paris 1993, Sources Chrétiennes (désormais SC) 393, p. 160, « Bien sûr, on reste longtemps à ce degré, et je ne sais si un homme en cette vie arrive à atteindre parfaitement le quatrième degré, celui où l'homme s'aime uniquement pour Dieu. Libre à certains de l'affirmer s'ils en ont fait l'expérience ; pour moi, je l'avoue, cela me semble impossible. Cela se produira certainement, quand "le serviteur bon et fidèle aura été introduit dans la joie de son Seigneur" et sera "enivré de l'abondance de la maison de Dieu". D'une façon merveilleuse il s'oubliera soi-même, il cessera définitivement de s'appartenir et il se transportera tout entier en Dieu ; "s'attachant désormais à Dieu, il deviendra un seul esprit avec lui" », trad. frère Jean-Christophe, M. I. Huille et J. Leclercq.

81 Aurelius Augustinus Hipponensis, *De Genesi ad Litteram*, XII, XXXV, 68, Corpus Scriptorum Ecclesiasticorum Latinorum (désormais CSEL) 28, 1, p. 432-433.

82 *Cf.* notre *La vision béatifique...*, *op. cit.*, p. 413 *sq.*

83 Au sermon XXIII, VI, 15 sur le Cantique, il décrit une grâce d'union conforme à la symbolique sponsale du poème sacré mais dont la joie est plutôt celle du pécheur justifié que la vision du bienheureux, en LXXIV, II, 5, il mentionne une visite intérieure (non extatique) du Verbe, en des termes qui doivent beaucoup à Paul et Augustin.

84 « *Beatum dixerim et sanctum, cui tale aliquid in hac mortali vita raro interdum, aut vel semel, et hoc ipsum raptim atque unius vix momenti spatio, experiri donatum est. Te enim quodammodo perdere, tamquam qui non sis, et omnino non sentire teipsum, et a temetipso exinaniri, et pœne annullari, cælestis est conversationis, non humanæ affectionis. Et si quidem e mortalibus quispiam ad illud raptim interdum, ut dictum est, et ad momentum admittitur, subito invidet sæculum nequam, perturbat diei malitia...* », Bernard de Clairvaux, *De gratia et libero arbitrio*, X, 27, éd. citée, p. 128, « Je proclamerai saint et bienheureux, celui à qui il a été donné d'éprouver quelque chose de semblable durant cette vie mortelle, quelquefois, rarement, ne serait-ce qu'une seule fois même, et cela comme à la dérobée en l'espace d'un seul instant ! Car te perdre toi-même en quelque sorte, comme si tu n'existais plus, ayant perdu jusqu'au sentiment de ton être, t'être vidé de toi au point d'être réduit à rien ou presque, tout cela relève d'une fréquentation du monde céleste et non de nos dispositions humaines. Et s'il arrive à quelque mortel d'être élevé jusque-là, même comme en passant, ainsi que nous venons de le dire, l'espace d'une seconde, et pour ainsi dire à la dérobée, ce "siècle méchant" (*Gal.* 1, 4) semble en être jaloux et vient le troubler par la "malice du jour" (*Sap* 9, 15). », trad. Fr. Callerot.

85 Par exemple : Siro A. Chimenz : « *Vale a dire che Dante in quell'attimo si trovô nelle condizioni medesime dei beati, cioè ebbe la loro medesima visione di Dio, e godette della medesima*

parvenu au terme de son chemin le poète ait bénéficié dans le sillage de Bernard, de la vision béatifique.

Richard Kay a parfaitement raison de voir dans ce postulat erroné un obstacle majeur à la compréhension du poème sacré[86]. N'est-ce pas plutôt en vue de grâces d'union dans la quiétude que le moine éduque la volonté du poète ? Sa prudence se contente d'ailleurs de dire que Bernard a seulement goûté ici-bas de cette paix des bienheureux et qu'il lui fait partager un peu de cette grâce. Il ne saurait prétendre à la plénitude de la vision des bienheureux, simplement, il a choisi comme intercesseur ultime celui qui s'en est approché au plus près. Or cet intercesseur endosse pour lui non seulement le rôle de guide ultime, mais bien paradoxalement de docteur[87]. Ce verset énigmatique semble en contradiction avec le programme fixé en *Par.* I, 70-72 d'une éducation de la volonté par l'exemple, et non de l'intelligence par la doctrine. Si Bernard commence effectivement par tenir ce rôle éducatif de théologien moral et marial, nous voudrions montrer qu'il conduit aussi à une lumière proprement intellectuelle sur les mystères chrétiens[88].

Car il exhorte le poète, au moment même où il contemple sa propre charité, à porter plus haut son regard vers les ultimes sphères et vers la Reine du Ciel[89]. On notera au passage l'humilité prêtée à Bernard pour qui le regard du poète arrêté à sa charité est encore « *giù al fondo* » et devrait se tourner plutôt vers les cercles les plus éloignés. On relèvera aussi que le moine donne au poète le titre de « *figliuol di grazia* », ce

---

beatitudine », *Nuova "lectura Dantis"*, Rome, 1951, p. 25), ou encore, *La Divina Commedia*, éd. Umberto Bosco et Giovanni Reggio, Florence, 1979, vol 3, p. 553 (sur *Par.* 33.143-145), « Cela revient à dire que Dante se trouva à cet instant dans les conditions mêmes des bienheureux, c'est-à-dire qu'il partagea avec eux la même vision de Dieu et jouit de la même béatitude » (nous traduisons).

86   Richard Kay, « Dante in Ecstasy… », art. cité, p. 188-192.

87   « *Affetto al suo piacer, quel contemplante / libero officio di dottore assunse* », *Par.* XXXII, 1-2.

88   En cela nous sommes d'accord avec Richard Kay (« *Dante in Ecstasy…* », art. cité, p. 188), qu'il faut aller chercher une cohérence doctrinale, donc théologique et philosophique de la pensée de Dante avec celle de Bernard, même si nous n'allons pas la trouver aux mêmes endroits que lui. La formule « *amor ipse intellectus est* » qui est la clé de sa solution par l'extase ne reconduit-elle pas plutôt à Guillaume de Saint-Thierry ? En privilégiant le *De diligendo Deo* et les sermons sur le *Cantique*, Richard Kay dégage efficacement une théorisation de ce qu'Étienne Gilson appelait théologie mystique, mais ne saurait trouver des éléments sur les trois mystères évoqués par la vision du dernier Chant du *Paradis*.

89   « *"Figliuol di grazia, quest'esser giocondo", / cominciò elli, "non ti sarà noto, / tenendo li occhi pur qua giù al fondo; / ma guarda i cerchi infino al più remoto, / tanto che veggi seder la regina / cui questo regno è suddito e devoto".* », *Par.* XXXI, 112-117.

qu'il est déjà par le baptême, mais qui peut aussi évoquer une filiation instituée par le parrainage de son intercession. La Vierge étant la plénitude de la Grâce, la paternité spirituelle de Bernard enfante ici le poète à une grâce nouvelle. Or cette Reine à qui tout le royaume céleste est soumis et dévoué arbore le visage qui mérite cette dévotion amoureuse puisqu'il est précisément le plus ressemblant à l'égard du Christ, seul susceptible de disposer à le voir, comme il sera dit au chant XXXII[90]. Le fils conçu du Saint Esprit par parthénogénèse, si on nous passe le potentiel d'hérésie de ce terme, ne saurait ressembler davantage à un autre visage qu'à celui de sa mère. Ainsi s'ordonnent et se répondent les véroniques : visage de Béatrice, linceul, charité de Bernard, Visage de la Vierge dans une remontée en direction de la vision de Dieu promise au dernier chant du *Paradis*.

Parvenu à ce seuil, n'est-ce pas la dévotion mariale qui reprend la main en son champion historique, Bernard ? Lui seul peut mener le poète au terme de sa pérégrination, parce qu'il est précisément le féal dévot de Marie qui de ce fait leur concèdera toutes les grâces nécessaires[91]. Encore faut-il les demander et c'est à quoi s'emploie saint Bernard au début du chant XXXIII. Sa prière requerrait une longue analyse. Nous nous contenterons ici de quelques remarques soulignant la connaissance profonde de sa mariologie qui la sous-tend. Le premier titre de Vierge et mère renvoie évidemment aux louanges écrites pour elle par le Cistercien. Dante y ajoute fille de ton Fils, inversant la thématique de la *Theotokos*, ce qui se vérifie évidement dans l'ordre de la grâce. « Premier né d'entre les morts », ce fils l'enfante immédiatement comme la seconde, anticipant par les mérites de sa Passion sa grâce d'immaculée qui lui vaudra l'Assomption corporelle. L'audace du poète n'anticipe-t-elle pas ainsi ces deux dogmes tardifs ?

À l'image patristique du germe, se joint dans les versets 7 à 9 le thème plus audacieux de sa coction dans la chaleur du sein de Marie[92]. Ne pouvons-nous lire en ces trois vers un écho de l'audacieuse analogie de la *Theotokos* qui se trouve au dernier livre du *De Consideratione* ? Nous ne résistons pas au plaisir de la citer au lendemain d'une Pâque précédée

---

90   « *Riguarda omai ne la faccia che a Cristo / più si somiglia, ché la sua chiarezza / sola ti può disporre a veder Cristo.* », *Par.* XXXII, 85-87.
91   *Par.* XXXI, 92-102.
92   « *Nel ventre tuo si raccese l'amore, / per lo cui caldo ne l'etterna pace / così è germinato questo fiore.* », *Par.* XXXIII, 7-9.

de l'incendie de Notre Dame de Paris : « Oh ! Comme une femme les avait bien fait fermenter ensemble, puisque le Verbe de Dieu ne cessa point d'être uni au corps et à l'âme, séparés l'un de l'autre. Jusque dans la séparation, l'unité demeura inséparable [...] et même après la mort de l'homme, le Verbe, l'âme et le corps en Jésus-Christ ne cessèrent point de faire un seul et même Christ, une seule et même personne. C'est, je pense, dans le sein de la Vierge Marie que se sont produits ce mélange et cette fermentation, et la femme qui a opéré l'un et l'autre n'est autre que Marie, et son levain fut sa foi, pourrais-je dire peut-être[93] ». La méditation de Bernard sur le *triduum* pascal, fonde en raison le mystère de la résurrection. Deux des trois essences ainsi unies dans le Christ ont bien pu être séparées le temps de la mise au tombeau, les trois, âme, corps et divinité restent unis en sa Personne. Or cette soudure entre l'humanité et la divinité qui rendra la première capable de traverser la mort, n'a-t-elle pas été accomplie dans le sein de Marie ? Ce n'est pas le moindre mérite du poète de rappeler qu'elle a été opérée dans le ventre de Marie au feu de sa charité. Aristote déjà ne pense-t-il pas la gestation comme une coction ? L'image de la fermentation a le mérite de mettre en avant cette fois chez Bernard, le rôle de la foi de Marie dans ce mystère d'une Théo-coction qui soude en elle définitivement l'humanité à la divinité, tandis que le poète met en avant sa charité. Il rappelle d'ailleurs que c'est en vertu d'un décret éternel[94], que put avoir lieu dans le sein de la Vierge, la germination de cette Fleur. Ne faudrait-il pas traduire plutôt au terme d'une délibération (*consilium*) éternelle de la Trinité, « entretien infini » au terme duquel, coïncidence subtile des opposés peut surgir de l'éternité la grâce de la Vierge et mère.

De la prière de Bernard, passons sur les longs développements évoquant la difficulté à rendre compte de l'expérience mystique du poète pour aller directement au contenu de sa vision. Le poète reste uni à la lumière divine de la grâce qui lui est obtenue par Marie et il pénètre plusieurs

---

93   « *Quam bene ea mulier fermentavit, ut nec divisione quidem facta carnis et animæ, a carne vel anima Verbum divideretur ! Mansit et in separatione inseparabilis unitas. [...] Æque unus Christus una que persona, Verbum, anima et caro, etiam mortuo homine, perduravit. In utero Virginis, ut sentio ego, commixtio hæc et fermentatio facta est, et ipsa mulier quæ miscuit, et fermentavit ; nam fermentum non immerito fortasse dixerim fidem Mariæ...* », Bernard de Clairvaux, *de Consideratione* V, 22, p. 484-485, trad. A. L. Charpentier - P. Dion, in Œuvres complètes de Saint Bernard, 8 volumes, Paris 1867-1873, II, 1867 [modifiée] p. 182.

94   « *termine fisso d'etterno consiglio* », *Par.* XXXII, 3.

mystères divins. Le premier est celui de la Création qu'il contemple réunie par l'amour divin comme en un volume par la reliure tenant ensemble les cahiers. L'on pourrait considérer que ce mystère n'est pas spécifiquement Chrétien mais partagé par les autres monothéismes[95]. Or, la vision de Dante ne s'attache pas au processus de la Création[96], mais à son unité. Ne pourrait-on rapprocher cette première vision de celle que relate la vie de saint Benoît ? Saint Grégoire le Grand raconte que le fondateur du monachisme d'Occident vit l'ensemble de l'univers dans le rayon de la lumière divine[97]. Cette grâce s'accompagne pour lui d'une autre vision : celle de l'âme de l'évêque Germain, de la ville voisine de Capoue, s'élevant aux cieux. Rappelons que le récit de cette vision donne lieu dans les dialogues de Grégoire à un questionnement de Pierre, son interlocuteur : il l'interroge sur la possibilité pour un homme de voir ainsi le monde entier résorbé dans un seul rayon lumineux[98]. Et c'est l'occasion d'une longue explication de saint Grégoire[99]. Notons

---

95 *Cf.* par exemple Richard Kay, « Dante in Ecstasy… », art. cité, p. 183-212, ici p. 183-184.

96 Ce processus ne se rapporte pas d'ailleurs pour les Chrétiens à la seule Personne du Père comme le suggère Richard Kay, *ibid.*, p. 184, mais à la Trinité ; *Cf.* Gilles Emery, *La Trinité créatrice, Trinité et création dans les commentaires aux Sentences de Thomas d'Aquin et de ses précurseurs Albert Le Grand et Bonaventure*, Paris, Vrin, 1995.

97 « *Cum que vir domini benedictus, adhuc quiescentibus fratribus, instans vigiliis, nocturnæ orationis tempora prævenisset, ad fenestram stans et omnipotentem dominum deprecans, subito intempesta noctis hora respiciens, vidit fusam lucem desuper cunctas noctis tenebras exfugasse, tanto que splendore clarescere, ut diem vinceret lux illa, quæ inter tenebras radiasset* », saint Grégoire le Grand, *Dialogorum libri IV*, II, 35, 2, Adalbert de Vogüé éd., Paul Antin trad., Paris, Cerf, SC 260, 1979, p. 236-238 « L'homme du Seigneur, Benoît, tandis que les frères reposaient encore, avait devancé le temps de la prière, debout pour ses vigiles nocturnes. Il se tenait à la fenêtre, priant le Seigneur tout-puissant. Tout à coup, au cœur de la nuit, il vit une lumière épandue d'en haut refouler les ténèbres de la nuit. Elle éclairait d'une telle splendeur qu'elle surpassait la lumière du jour, elle qui cependant rayonnait entre les ténèbres. », trad. P. Antin, *ibid.*

98 « *Petrus. Mira res valde et vehementer stupenda. Sed hoc quod dictum est, quia ante oculos ipsius, quasi sub uno solis radio collectus, omnis mundus adductus est, sicut numquam expertus sum, ita nec conicere scio ; quoniam quo ordine fieri potest, ut mundus omnis ab homine uno videatur ?* », Id., *ibid.*, 5, p. 238-240, « PIERRE. C'est une chose merveilleuse au plus haut point et qui me confond absolument. Mais ce que vous avez dit, que devant ses yeux comme sous un seul rayon de soleil le monde entier s'est trouvé amené, c'est là une expérience que je n'ai jamais faite et que je ne sais même pas conjecturer. De quelle manière, en effet, le monde entier peut-il être vu par un seul homme ? », trad. P. Antin, *ibid.*

99 « *… animæ uidenti creatorem angusta est omnis creatura. Quamlibet etenim parum de luce creatoris aspexerit, breve ei fit omne quod creatum est, quia ipsa luce uisionis intimæ mentis laxatur sinus, tantum que expanditur in deo, ut superior existat mundo. […] Vir ergo qui [intueri] globum igneum, angelos quoque ad cælum redeuntes videbat, hæc procul dubio cernere nonnisi in dei lumine*

que selon lui, l'âme de Benoît voyant le Créateur, ou plus exactement une faible part de sa lumière, est enlevée en lui, au-dessus d'elle-même et du monde. Quoi d'étonnant à ce que d'une telle hauteur spirituelle, le monde matériel lui paraisse petit, rassemblé en un volume restreint ? Comme Benoît, Dante contemple dans la lumière du rayon divin, l'unité de la Création, mais ce petit volume, pour le Poète est un livre. Il pénètre à travers cette image, le nœud qui relie ce qui s'effeuille (*squaderna*) dans la multiplicité des cahiers qu'il réunit. Ce déploiement du divers à partir de l'unité divine, il le décrit dans les termes de la philosophie scolastique : substance, accidents et leurs propriétés (*Par.* XXXIII, 88), mais ce qu'il contemple à l'invitation de Bernard et comme Benoît c'est le nœud qui unit le divers.

Son regard attaché à la lumière divine ne s'arrête d'ailleurs pas à la Création et remonte bientôt jusqu'au mystère de la Trinité, figuré par les trois cercles de couleurs différentes, mais comme par une irisation se reflétant l'un dans l'autre. Ici encore est-ce un hasard si Bernard est le médiateur d'une révélation Trinitaire reçue par le poète ? On sait l'importance des positions de Bernard pour Joachim de Flore, dans un débat trinitaire qui agite la première scolastique de Pierre Lombard à Gilbert de Poitiers. Nous voudrions ici rappeler que dans le livre V du *De consideratione*, sa spéculation ne s'attarde guère sur l'attribut de l'être mais s'étend longuement sur la question de l'Unité développant non une ontologie, mais une hénologie scalaire que nous résumerons ici faute d'espace dans le tableau suivant :

---

poterat. [...] *Quod autem collectus mundus ante eius oculos dicitur, non cælum et terra contracta est, sed videntis animus dilatatus, qui, in deo raptus, videre sine difficultate potuit omne quod infra deum est. In illa ergo luce, quæ exterioribus oculis fulsit, lux interior in mente fuit, quæ videntis animum quia ad superiora rapuit, ei quam angusta essent omnia inferiora monstravit.* », Id., ibid., 6-7, p. 240, « ... pour l'âme qui voit le Créateur, la création tout entière est petite. Bien qu'elle ait vu une faible partie seulement de la lumière du Créateur, tout le créé se rétrécit pour elle. Dans la clarté de la contemplation intérieure s'élargit la capacité de l'âme ; son expansion en Dieu est telle qu'elle devient supérieure au monde. [...] L'homme donc qui voyait un globe de feu et distinguait les anges remontant au ciel, n'apercevait cela, sans nul doute, que dans la clarté de Dieu. [...] Quand je dis que le monde était rassemblé devant ses yeux, cela ne signifie pas que le ciel et la terre s'étaient rétrécis, mais que l'âme du contemplatif s'était dilatée : ravi en Dieu, il pouvait voir sans difficulté tout ce qui est au-dessous de Dieu. À cette lumière extérieure qui brillait aux yeux correspondait une lumière intérieure dans l'âme qui montrait à l'âme du contemplatif combien toutes les choses d'en bas étaient petites, une fois qu'elle avait été ravie vers les choses d'en-haut. », trad. P. Antin, *ibid.*, modifiée.

Souveraine	Union consubstantielle entre les trois Personnes divines
De faveur (*dignativa*)	Union hypostatique des trois substances en la Personne du Verbe
De volonté (*votiva*)	L'âme adhérant à Dieu de toutes ses forces ne fait plus qu'un esprit avec lui
De sentiment (*consentanea*)	Une seule âme, un seul corps dans la charité
Unité « potestative »	Unité de vie cohérente par la vertu
Unité native	Unité de l'âme et du corps
Unité « conjugative »	Deux ne faisant qu'une seule chair
Unité constitutive	Membres d'un corps
Unité collective	Pierres en tas

Le moine remonte ainsi des formes les moins unies d'unités comme celle des pierres en tas ou des membres d'un corps en passant par des unités plus spirituelles jusqu'à celle, la plus ultime, de Dieu qu'il dit « *unissimus*[100] ». Il use ainsi d'un néologisme qui semble un *hapax* et qui d'après la banque de données de Brepols paraît être son invention, mais sera ensuite abondamment repris par Raymond Lulle. Il est notoire que le poète remonte de sa contemplation du mystère de la Création en son unité à celle de la Trinité par l'image du nœud[101]. Or précisément pour Bernard, si nous remontons l'échelle des unités, nous ne trouvons au sommet rien de plus un que la Trinité. Comprenons que les trois premières unités concernent celle qui peut être réalisée entre les corps culminant dans l'amour charnel. Les quatre suivantes regardent celle de l'âme, avec le corps, avec elle-même, d'autres âmes ou Dieu. Ce second niveau est coiffé par la grâce exceptionnelle de l'union hypostatique en la Personne du Verbe entre les trois substances de son corps son âme et sa divinité.

---

100 « *Non est compositus Deus : merum simplex est. Et ut liquido noveris quid simplex dicam : idem quod unum. Tam simplex Deus quam unus est. Est autem unus, et quo modo aliud nihil. Si dici possit, unissimus est.* », Bernard de Clairvaux, *De consideratione* V, VII, 17, SBO III, p. 480, « Dieu n'est pas un être composé, c'est l'être simple par excellence ; et pour te faire bien comprendre ce que j'entends par un être simple, c'est la même chose qu'un être un. L'unité se confond en Dieu avec la simplicité. Il est un en effet, d'une manière que rien d'autre ne saurait partager ; il est, si tu me permets ce mot, unissime », trad. A. L. Charpentier - P. Dion, dans Œuvres complètes de Saint Bernard, cit. [trad. modifiée], p. 179.

101 « *La forma universal di questo nodo / credo ch'i' vidi, perché più di largo, / dicendo questo, mi sento ch'i' godo* », *Par.* XXXIII, 91-93.

Or toutes ces unité ne sont rien pour Bernard au regard de celle des Trois Personnes divines consubstantielles :

> Mais que sont toutes ces unités-là comparées à cet Un suprême, à cet un uniquement un, s'il m'est permis de parler ainsi, à cet un où c'est la consubstantialité même qui fait l'unité ? Rapprochées de cette unité, toutes pourront bien être unes sous un rapport ou sous un autre ; mais si tu les compares à elle, elles ne seront plus unes à aucun point de vue[102].

Pour le moine qui n'a pas lu le *Parménide* de Platon, seul l'Un transcendant, est vraiment un. Mais cet Un n'est pas seulement celui de la première hypothèse. L'auteur du *De consideratione* a la clé de l'unité de celui que nous l'avons vu appeler l'« *Unissimus* » :

> Ainsi, parmi toutes les réalités qu'on peut dire unes à juste titre, la première place appartient à l'unité de la Trinité, par laquelle trois personnes ne sont qu'une seule et même substance ; celle qui surpasse toutes les autres en second lieu est celle par laquelle, au contraire, trois substances ne font qu'une seule personne, la Personne de Jésus-Christ. Mais cette seconde unité et toutes celles qu'on peut citer encore ne sont appelées unités que parce qu'elles imitent, et non parce qu'elles seraient comparables à cette unique unité que reconnaît une considération sage et véritable[103].

Son unité indestructible qui le place infiniment au-dessus des autres formes d'unités qui la précèdent dans l'échelle que nous venons de monter, est celle des trois Personnes consubstantielles et de l'amour qui meut leur circumincession. Or précisément, Dante voit les trois cercles de couleur différente, mais d'égale surface, que l'irisation rend superposables et dont le dernier n'est autre que le feu de l'amour spiré par les deux autres[104].

---

102 « *Verum hæc omnia quid ad illud summum, atque, ut ita dicam, unice Unum, ubi unitatem consubstantialitas facit ? Huic Uni quodvis illorum si assimiles, erit quoquo modo unum : si compares, nullo.* », Bernard de Clairvaux, *De Consideratione*, V, VIII, 19, éd. citée, p. 483, trad. A. L. Charpentier - P. Dion, dans Œuvres complètes de Saint Bernard, cit. [trad. modifiée], p. 180.

103 « *Igitur inter omnia quæ recte unum dicuntur, arcem tenet Unitas Trinitatis, qua tres personæ una substantia sunt. Secundo loco illa præcellit, qua e converso tres substantiæ una in Christo persona sunt. Porro hæc et quæcumque alia dici una possunt, summæ illius unitatis imitatione, non comparatione, Una appellari vera sobriaque probat consideratio.* », Bernard de Clairvaux, *De Consideratione*, V, VIII, 19, éd. citée, p. 483, trad. A. L. Charpentier - P. Dion, dans Œuvres complètes de Saint Bernard, cit. [trad. modifiée], p. 181.

104 « *Ne la profonda e chiara sussistenza / de l'alto lume parvermi tre giri / di tre colori e d'una contenenza / e l'un da l'altro come iri da iri / parea reflesso, e 'l terzo parea foco / che quinci e quindi igualmente si spiri.* », *Par.* XXXIII, 115-120.

Ne pouvons-nous penser, ce sera notre hypothèse, que sans pour autant avoir dès ici-bas atteint la vision béatifique de l'essence divine, Dante a percé ce qui fait l'essence même du Christianisme dans le mystère de la Trinité[105] ? Certes, il précise que c'est dans la claire substance de la lumière divine qu'il aperçoit les trois cercles. Mais précisément il s'agirait non de la substance de Dieu même, mais de celle de la lumière de la grâce mariale dans laquelle il est entré avec Bernard. En revanche, il y saisirait à la suite du moine, suprême hénologue, l'unité trinitaire qui en Christianisme fonde toutes les autres.

Car, ainsi que l'a montré Rémi Brague[106], ce qui caractérise de manière essentielle les monothéismes est peut-être moins le fait restrictif qu'ils ne reconnaissent qu'un seul Dieu, que la manière dont ils en conçoivent l'unité. De la solidité d'un métal sans paille, à l'amour indéfectible d'un Dieu trahi pour son peuple infidèle, à celui consubstantiel des trois Personnes divines il y a une différence non négligeable entre les trois monothéismes[107]. Empruntant cette voie hénologique par le nœud de son unité, le poète est parvenu à une vision poétique de la Trinité. Mais comme Bernard, il mesure les limites du langage pour en rendre compte[108] et recourt finalement de nouveau à des analogies d'esprit scolastique : être, intellection et amour, avec un arrêt philosophique sur l'identité de l'intelligé et de celui qui intellige[109].

On remarquera l'originalité de Dante : les trois Personnes sont, s'intelligent et s'aiment, mais aussi se sourient, sans que soit introduite une quaternité et une béatitude qui serait réflexive ou distincte de l'amour. Pourtant c'est dans cette réflexion souriante de la lumière que le Poète,

---

105 Pour n'être pas aristotélicienne, cette vision qui se réclame d'une grâce mariale, n'en est pas non plus gnostique pour autant comme pourrait le laisser penser Peter Dronke, qui la considère comme relevant de l'extase, *Cf.* « The Conclusion of Dante's Commedia », dans *Italian Studies* 49, 1994, p. 21-39, ici p. 23.

106 Rémi Brague, *Du Dieu des Chrétiens et d'un ou deux autres*, Paris, Flammarion, 2008 ; et également *Id.*, *Sur la religion*, Paris, Flammarion, 2018.

107 L'islam d'ailleurs ne s'est-il pas constitué historiquement, de manière non moins essentielle comme refus du mystère trinitaire, comme le montre très bien Patrice Guillamaud ? *Cf. Le sens de l'islam. L'Apocalypse ou la Trinité.* Paris, Kimé, 2017.

108 *Cf.* Bernard de Clairvaux, *Sermon 41 sur le Cantique*, sa lecture par Guigues du Pont et notre « *Murenulas aureas faciemus...* Dire la contemplazione : Guiguo du Pont, lettore di Bernardo di Chiaravalle », dans *Ai limiti dell'imagine*, Macerata Quodlibet Studio,, 2005, p. 81-103.

109 « *O luce etterna che sola in te sidi / sola t'intendi, e da te / e intendente te ami e arridi!* », *Par.* XXXIII, 124-126.

avant Ficin et son esthétique, aperçoit l'effigie humaine et il s'interroge entre Vitruve et Léonard de Vinci sur la possible inscription dans la perfection du cercle divin, de cette image de l'humanité[110]. Ne sont-ce pas cette fois les spéculations humanistes qui sont ici annoncées ? Mais l'objet de la vision est bien un nouveau mystère : celui de l'Incarnation par laquelle seulement est rendue possible cette adéquation de l'humain au divin et que le poète pré-humaniste ne saurait percer à la force de ses propres ailes intellectuelles et sans l'électrochoc d'une nouvelle révélation[111]. Au cœur même de la vision du Poète sont ainsi présentes trois époques de la spéculation théologique : mystique spéculative, théologie scolastique, pré-humanisme chrétien, et trois mystères : Création, Trinité, Incarnation. Or les deux derniers sont articulés autour de la figure de l'inscription de l'humanité dans le cercle, mais il nous a semblé que ce pouvait être dans la vision de la Trinité que s'opère la filiation bernardine et le plus profond enracinement de cette contemplation des principaux mystères chrétiens à la fin de la *Divine Comédie*.

CONCLUSION

Hans Urs von Balthasar propose une compréhension de l'œuvre de Dante par le sommet et nous avons tenté de porter sur la cime des trois derniers chants un nouveau regard, mettant en valeur la présence de Bernard non seulement comme mystique, mais comme philosophe et comme théologien. De fait, le visage de Béatrice bienheureuse, éclaire la mélancolie de la *Vita Nuova*, voire la philosophie fragmentaire du *Banquet*. Mais sommet pour sommet, ne faudrait-il pas, comme le suggère Raymond Dominic DiLorenzo[112], considérer que Bernard est plus important que Béatrice ? En fait, il n'est pas selon nous plus important, mais plus ultime. En termes de nombre de chants parcourus avec l'un ou l'autre guide, Virgile ne dépasserait-il pas d'ailleurs non seulement

---

110 *Cf.* Paul Priest, *Dante's Incarnation of the Trinity*, Ravenne, Longo, 1982.

111 « *ma non eran da ciò le proprie penne : / se non che la mia mente fu percossa / da un fulgore in che sua voglia venne.* », Par. XXXIII, 139-141.

112 Raymond D. DiLorenzo, « Dante's Saint Bernard ... », art. cité, n. 6, p. 503.

Bernard, mais même Béatrice? Ce n'est pas une question quantitative et la présence de Bernard reste éclairante par le sommet. C'était en rappelant la finale de la *Monarchia* qu'Alexandre Masseron classait les trois guides du poète en fonction de leur rapport aux fins spirituelles et temporelles[113]. Selon Raymond Dominic DiLorenzo, Bernard rendrait compte d'une expérience de libération, conforme à l'enseignement des traités sur la grâce et le libre arbitre ou sur l'amour divin, et qui ne se limite pas aux trois derniers chapitres du *Paradis* où il figure, mais est opérée tout au long du pèlerinage[114]. Il serait intéressant de relire l'ensemble de la *Comédie* à la recherche de ces multiples libérations. La première n'est-elle pas opérée dès la *selva oscura*? Dante n'y a pas perdu son libre arbitre inadmissible, mais il gagne à l'intervention de sa dame le conseil de Virgile[115], puis celui de Béatrice elle-même[116]. Mais dans une telle perspective, l'apparition de Bernard ne devrait-elle pas correspondre au passage du libre conseil, liberté de grâce conférée par l'intercession de Béatrice à celle de Gloire des bienheureux? Nous sommes prêt à le soutenir à condition de n'y voir dans le dernier chant qu'une participation contemplative, donc imparfaite et passagère telle que Bernard la théorise d'ailleurs dans le *De gratia et libero arbitrio*, et non le bénéfice exceptionnel dès cette vie de la vision béatifique, ni même nécessairement une extase. Nous avons vu dans un premier temps que Dante ayant fondé la laïcité moderne en distinguant les deux béatitudes, conserve à la fois l'espoir d'un empire temporel assurant la paix garante de l'épanouissement intellectuel de ceux qui recherchent la vérité et l'espérance de la vision béatifique comme récompense des élus. Il ne saurait donc la galvauder au sommet de la contemplation atteint dans le dernier chant de la *Divine Comédie*.

Dans ces conditions comment comprendre l'irruption de Bernard dans les trois derniers chants? Nous avons examiné dans un second temps l'hypothèse qu'il s'agisse de la figure du moine des derniers temps héritée de Joachim de Flore. Mais si nous avons constaté une

---

113 *Cf. supra* n. 2.

114 Il cite (p. 501), Charles S. Singleton dans son Commentaire de sa traduction anglaise de la *Comédie*, *The Divine Comedy…* trad. citée, 1975, p. 523 : « *In this light, the Whole Divine Comedy might be said to have as it's central theme the attainment of liberty, which is complete subjection to God's will* », « Dans cette lumière, on pourrait dire que la *Divine Comédie* toute entière a pour point central le thème de la réalisation de la liberté, qui est la soumission complète à la volonté de Dieu » (nous traduisons).

115 Virgile reçoit ce titre de sage conseil en *Purg.*, XIII, 75.

116 *Par.* XXIII, 76.

convergence herméneutique du poète avec l'ermite Calabrais, dans la symétrie des figures des deux Testaments et le rôle des femmes, Bernard nous semble chez le premier intervenir moins en tant que moine que comme intercesseur marial, et théologien, voire philosophe. Mais là où de brillants prédécesseurs, d'Étienne Gilson à Richard Kay ont souligné une convergence de la théologie mystique du docteur mellifue et des visions finales en les considérant comme extatiques, nous avons tenté de souligner une connivence spéculative, tant philosophique que théologique des deux penseurs. La vision finale de la *Divine Comédie* nous semble donc moins une extase mystique qu'une contemplation proprement théologique des trois mystères de la Création, de la Trinité et de l'Incarnation. Ici encore, il nous paraît aussi vain de prétendre que le poète en ait eu une compréhension exhaustive que d'en faire un *comprehensor* tout court. En revanche, il se situe par les concepts et analogies auxquels il recourt, au cœur des théologies de son temps : scolastique, dans le recours à propos du déploiement de la Création, aux concepts d'essence et d'accident ou aux analogies trinitaires d'origine augustinienne, humaniste dans la réflexion reprise de Vitruve à Léonard en passant par Nicolas de Cues ou Pic de la Mirandole sur l'Incarnation. Mais le cœur de sa spécula-tion pourrait trouver chez Bernard une inspiration monastique, voire hénologique. C'est le nœud qui fait son Unité qu'il contemple dans la reliure de la Création, mais pour remonter à ce qui constitue le sommet de toute hénologie pour Bernard : la Trinité. La présence de Bernard est ainsi d'abord celle de l'intercesseur marial susceptible d'élever le regard du poète jusqu'à ces trois mystères. Or il est présent comme docteur non seulement en théologie mystique, mais bien en spéculation non tant sur l'être, que sur l'Un : théologien spéculatif et philosophe monastique ayant saisi que l'*Unissimus* est Trinité, que l'Unique Trinité est ce qu'il y a de plus un. Le poète aurait ainsi recours à Bernard, moine marial et éminent hénologue néoplatonicien pour passer d'une théologie de la Création ou de la Trinité encore marquée par la scolastique à la réflexion humaniste sur l'Incarnation. La place de Bernard dans les derniers traités du *Paradis* peut ainsi renouveler notre vision de l'ensemble de l'œuvre et de la *Divine Comédie* en particulier. Ne faudrait-il pas cependant faire une différence entre les intercesseurs qu'elle met en scène selon leur place dans un mouvement de *Proodos* ou d'*Épistrophè* ? Selon le premier mouvement, si nous comprenons bien le passage d'*Enf.* II, 93 *sq.*, nous

aurions une cascade d'intercessions descendantes dont l'initiative reste
à la Vierge qui fait intervenir sainte Lucie, Béatrice et Virgile. Ces deux
derniers personnages sont les deux premiers d'une *Épistrophè* qui étant
aussi suspendue au sommet aux Bonnes grâces contemplatives de Marie,
rend nécessaire au-delà du troisième ciel, un nouvel intercesseur ascendant, Bernard en tant que dévot de la Vierge et contemplatif suprême.
On dispose de peu d'éléments pour tenter un parallèle entre la sainte
sicilienne et l'abbé cistercien dont le choix dantesque reste énigmatique.
Dans les deux cas évidemment il s'agit de charité et de lumière.

Christian TROTTMANN
CNRS, CESR, TOURS

LA PIÙ UMANA DELLE VIRTÙ
E LA PIÙ PERFETTA DELLE SCIENZE

Convivio e dantismo giuridico

Nelle *Institutiones*, manuale di diritto romano giustinianeo, glossato e commentato nel Medioevo ad uso delle università e inserito nel quarto volume del *Corpus Iuris civilis* della *collatio* medievale[1], la giustizia è definita come la volontà costante e perpetua di attribuire a ciascuno il suo [diritto][2]. Allo stesso modo recitava Ulpiano nel *Digesto* (D 1 1 10)[3] sulla base di una preesistente formulazione di Cicerone, ricordata da Accursio[4], e a questa definizione fa riferimento lo stesso Dante nella *Monarchia* (I xi 7)[5]

---

1   Il quarto volume conteneva anche gli ultimi tre libri del *Codice* e una raccolta di 134 *Novellæ constitutiones* denominata *Authenticum*.

2   *Inst.*, 1, 1, (ed. Krueger 1872, I, p. 1 in *Corpus Iuris Civilis*, I: *Institutiones*, recognovit Paulus Krueger – Digesta, recognovit Theodorus Mommsen, Berolini 1872; *Codex Iustianus*, recognovit Paulus Krueger, Berolini 1877; *Novellæ*, recognovit Rudolfus Schœll; opus Schœllii morte interceptum absolvit Guilelmus Kroll, Berolini 1895) «*Iustitia est constans et perpetua voluntas ius suum cuique tribuens*»].

3   D 1,1,10 ma anche anche *Inst.* 1,1,1 citate appena sopra.

4   Cicerone, *De inventione* II 160 (*Rhetorici libri duo qui vocantur de inventione*, recognovit E. Strœbel, Stuttgardt, Teubner, 1977, p. 147a-148b): «*Iustitia est habitus animi, communi utilitate servata, suam cuique tribuens dignitatem eius initium est ab natura profectum* (La giustizia è un abito dell'animo, osservata per la comune utilità, che attribuisce a ciascuno la sua dignità e il cui inizio procede dalla natura)». Tale definizione è ricordata nella *Magna Glossa* accursiana allorché Accursio dice che con volontà si intende la «*mens*» e con l'attributo «*costante*» si intende nel «*bonum*» quasi si trattasse di un *habitus* di ben volere. A questo proposito allega l'autorità di Cicerone e la definizione sopra menzionata e aggiunge che il Piacentino afferma che giustizia è virtù «*quae plurimum potest in iis, quæ minimum possunt*» (che può moltissimo per coloro che possono pochissimo)». «Conclude dicendo che la giustizia è la adeguata disposizione a discernere rettamente nelle singole circostanze». Si veda la glossa «*Iustitia*» ad *Inst.* 1,1, pr in *Institutionum* Dn. Iustiniani Sacratiss. Principis *Libri Quatuor...* cum Scholiis Accursii, Lugduni, 1575, coll. 9-10 riprodotta criticamente in *Appendice* al volume di Quaglioni 2004: 38-39 e 147. Si veda oggi *Accursii Fiorentini glossa ad Institutiones Iustiniani imperatoris* (*Liber* I). Ad fidem codicum manuscriptorum curavit Petrus Torelli antecessor Bononiensis, Bologna [1939].

5   *Mn* I xi 7: «*Quantum vero ad operationem, iustitia contrarietatem habet in posse; nam cum iustitia sit virtus ad alterum, sine potentia tribuendi cuique quod suum est quomodo quis operabitur*

quando afferma che la giustizia è la «*potentia*» di attribuire a ciascuno il suo. A ben vedere, nella formulazione dantesca della *Monarchia* (1311-1312) si combinano due nozioni: quella di giustizia intesa come «*potentia*» di attribuire a ciascuno il suo, riconducibile al *Digesto Vecchio* dell'epoca di Dante (D 1, 1, 10), e la nozione di giustizia in quanto *virtus ad alterum*, riferibile all'*Etica* di Aristotele[6].

Nel *Convivio*, opera di qualche anno precedente (1304-1308), Dante aveva già parlato della giustizia come virtù di relazione (Aristotele) e come volontà (*Digesto*). Tuttavia oltre ad affermare che la giustizia «è solamente nella parte razionale o vero intellettuale, cioè nella volontade», sulla base del quinto libro dell'*Etica*, aveva precisato che essa tra è tra le virtù la più amabile e la più umana in quanto «ella è più propia[7]». Per il fatto che presuppone la relazione, la giustizia è la più umana delle virtù, ovvero tra le virtù, la più «propria» al «compagnevole animale» (allo ζῷον πολιτικόν aristotelico). Inoltre, poiché dimora nella volontà, essa si manifesta solo nelle azioni perfettamente volontarie, azioni nelle quali l'uomo è chiamato ad esercitare un arbitrio liberato dalle passioni pur conservando la libertà di fare altrimenti[8], in tal modo meritando o

---

secundum illam? Ex quo patet quod quanto iustus potentior, tanto in operatione sua iustitia erit amplior». Le due fonti a cui Dante fa riferimento (*Etica* e il *Digesto*) sono state segnalate rispettivamente nell'edizione della *Monarchia* di Pier Giorgio Ricci del 1965, p. 154 e nell'edizione di Diego Quaglioni del 2015, p. 150.

6   *Ethic. Nic.* V, 3, 1129 b 26. Il testo dell'*Etica a Nicomaco* è quello in greco procurato da Bekker: *Aristotelis Opera*, edidit Academia Regia Borussica, Berlin 1831-1870, voll. I-II, *Aristoteles Græce* ex recensione Immanueli Bekkeri, 1831. Per il testo in latino si veda il vol. III, *Aristoteles latine interpretibus variis*, collegit Christianus Augustus Brandis, 1831; la traduzione è quella di Mazzarelli, Milano, Rusconi, 1996. Per il commento di Tommaso all'*Etica* si adopera la seguente edizione: *In decem libros Ethicorum Aristotelis ad Nicomachum expositio*, cura et studio Fr. Raymundi Spiazzi OP., Torino, Marietti, 1964. Le traduzioni sono mie sebbene sia disponibile il *Commento all'*Etica Nicomachea *di Aristotele*. Introduzione, traduzione e glossario a cura di Lorenzo Perotto, Bologna, Edizioni Studio Domenicano, 1998, 2 voll.

7   *Cv* XII 9-10 (ed. Ageno, Firenze, Le Lettere, 1995, vol 2, p. 53-54): «E quanto ella è più propia, tanto ancora è più amabile; onde, avegna che ciascuna vertù sia amabile nell'uomo, quella è più amabile in esso che è più umana, e questa è la giustizia, la quale è solamente nella parte razionale o vero intellettuale, cioè nella volontade. Questa è tanto amabile, che, sì come dice lo Filosofo nel quinto dell'Etica, li suoi nemici l'amano, sì come sono ladroni e rubatori; e però vedemo che 'l suo contrario, cioè la ingiustizia, massimamente è odiata, sì come è tradimento, ingratitudine, falsitade, furto, rapina, inganno e loro simili».

8   Cfr. *Pd* V 19-24: «Lo maggior don che Dio per sua larghezza fesse creando / ... fu de la volontà la libertate».

demeritando il premio o il castigo: «Se così fosse... / non fora giustizia / per ben letizia, e per male aver lutto[9]».

Dante aveva stabilito che la vivanda di questo *Convivio* doveva essere «di quattordici maniere ordinata», doveva cioè constare di quattordici canzoni (Cv I i 14). L'opera, dunque, avrebbe dovuto comporsi di quattordici trattati, uno per ogni canzone, preceduti da un trattato proemiale per un totale di quindici trattati. Alla giustizia l'Alighieri dichiara di voler dedicare il quattordicesimo e penultimo trattato del *Convivio* (Cv I xii 12 e Cv IV xxvii 11)[10]. Il quattordicesimo trattato, dedicato alla giustizia, avrebbe costituito un dittico con il trattato conclusivo dedicato, forse, alla sapienza. L'ipotesi qui avanzata si fonda sull'analogia esistente tra la struttura argomentativa del quinto libro dell'*Etica a Nicomaco* e gli ultimi due trattati del *Convivio*. Dante avrebbe dunque dedicato alla giustizia e alla sapienza, cioè alla *sophia* aristotelelica[11], gli ultimi due trattati sulla scorta del quinto libro dell'*Etica* e i trattati dal quinto al tredicesimo alle altre virtù di cui Aristotele parla nel quarto libro dell'*Etica a Nicomaco*. La sapienza, secondo Aristotele, produce felicità: «pur essendo, infatti, una parte della virtù (ἀρετή)» cioè della capacità di qualsiasi essere di assolvere bene il proprio compito «nella sua globalità per il fatto di essere posseduta e di essere in atto, essa fa l'uomo felice»: inoltre «la funzione propria dell'uomo si compie pienamente in conformità con la saggezza (*phronesis*) e la virtù etica (*etike aretè*)[12]». Sapienza (*sophia*) e saggezza (*phronesis*) non sono presso Aristotele la stessa cosa.

Potremmo anche affermare che la *sophia* aristotelica è il fine verso il quale è diretta la «filosofia» di Boezio, allorché lo soccorre, prigioniero, nei panni di una donna sulla cui veste è raffigurata una scala

---

9 *Pg* XVI 72.

10 *Cv* I xii 12: «Di questa vertù [la giustizia] inanzi dicerò più pienamente nel quartodecimo trattato; e qui lasciando, torno al proposito. Provato è adunque la bontà della cosa più propia [più essere amabile in quella. E a mostrare quale in essa è più propia,] è da vedere quella che più in essa è amata e commendata, e quella è essa»; *Cv* IV xxvii 11: «Oh misera, misera patria mia! quanta pietà mi stringe per te, qual volta leggo, qual volta scrivo cosa che a reggimento civile abbia respetto! Ma però che di giustizia nel penultimo trattato di questo volume si tratterà, basti qui al presente questo poco avere toccato di quella».

11 Cfr. *Ethic. Nic.* VI 6 1141 a 5 (ed. Bekker 1831), trad. Mazzarelli, p. 239: Aristotele distingue tra scienza (*episteme*), saggezza (*phronesis*), sapienza (*sophia*) e intelletto (*nous*).

12 *Ethic. Nic.* VI 12 1144 a (2) [5] (ed. Bekker 1831), trad. Mazzarelli, p. 251.

che indica allegoricamente le tappe di un processo conoscitivo che per Boezio è gnosi e per Dante della *Commedia* è mistica unione. La donna «dall'autorità tanto imperiosa» che appare in apertura della *Consolatio*[13] e che Boezio stesso dichiara essere la «Philo-sophia» (Cons. Phil. I III 2) ha impressa sulla veste una scala di lettere impunturate che mostra all'uomo il percorso che egli deve fare per dirigersi verso la sapienza[14].

Aristotele nell'*Etica* afferma inoltre che spetta alla volontà dell'uomo, guidata dalla virtù che fa retta la scelta, aderire al processo che conduce a quella Sapienza che «fa l'uomo felice[15]». In virtù della libertà l'uomo, dopo aver conosciuto, attraverso l'intelletto (*nous*), i principi generali, sceglie se agire con saggezza o con stoltezza, con o senza «diritto appetito[16]», meritando il premio o la pena, non senza l'aiuto della «biltade di quella» donna che rende diritto l'appetito e «non solamente fa questo,

---

13　La capillare diffusione manoscritta del prosimetro di Boezio testimonia l'influenza che esso esercitò sulla cultura medievale e dantesca, influenza forse maggiore dei capolavori della classicità (cfr. Courcelle 1967, p. 9). In proposito cfr. Luca Lombardo, *Boezio in Dante. La «Consolatio Philosophiæ» nello scrittoio del poeta*, Venezia, Edizioni Ca' Foscari, 2013, p. 13.

14　Donna allusa o comunque introdotta dalla donna gentile che, sotto il velame dell'allegoria amorosa, compare nel secondo e terzo trattato del *Convivio* e che conduce fino alla mistica visione di Dio nella *Commedia*. In proposito si legga l'interpretazione di Giovanni Pascoli, *Sotto il velame. Saggio di un'interpretazione generale del poema sacro* [1910], in *Prose di Giovanni Pascoli*, a cura di Augusto Vicinelli, vol. II, p. 293-794, alle p. 308-309. Pascoli parla del contrasto tra cuore e anima, tra appetito e ragione. L'amore d'animo, infatti, si può ingannare se non è guidato dalla ragione (*Pg* XVII 91): «L'avversario della ragione, cioè il cuore, fu poi vinto dalla forte immaginazione nella quale a Dante parve vedere Beatrice con le stesse vestimenta sanguigne con le quali gli apparve la prima volta». Sulla scia di Pascoli e di Perez, i quali si rifanno a un passo del *Beniamin minor* di Riccardo di San Vittore si muove l'interpretazione di Zambon che individua nel personaggio di Rachele un doppio di Beatrice e che interpreta la morte di Beatrice come un'allegoria dell'esperienza mistica e del superamento dell'amore carnale in amore spirituale. La prima Beatrice muove in Dante un amore carnale ed ingannevole, la donna del *Convivio* lo invita alla conoscenza sapienziale, sulla strada indicata da Boezio, la Beatrice della *Commedia* lo conduce Dante vette dell'amore spirituale fino all'unione mistica. In proposito Francesco Zambon, *La morte incomunicabile: Beatrice e l'*excessus *mentis*, in *Comunicazione e propaganda nei secoli XII e XIII* a cura di Rossana Castano, Fortunata Latella e Tania Sorrenti, Roma, Viella, 2007, p. 85-97.

15　*Ethic. Nic.* VI 12 1144 a 5 (ed. Bekker 1831), trad. Mazzarelli, p. 251.

16　*Cv* III VIII 16: «E però dico che la biltade di quella "piove fiammelle di foco", cioè ardore d'amore o di caritade / *animate d'uno spirito gentile* / cioè informato ardore d'uno gentile spirito cioè diritto appetito, per lo quale e del quale nasce origine di buono pensiero. E non solamente fa questo, ma disfà e distrugge lo suo contrario – delli buoni pensieri –, cioè li vizii innati, li quali massimamente sono delli buoni pensieri nemici» (ed. Ageno 1995, p. 201).

ma disfà e distrugge quei vizi che sono innati nell'uomo conducendolo verso la felicità piuttosto che verso l'infelicità[17]. La virtù della sapienza fa retta la scelta[18], la filosofia morale ordina e fa retta l'azione. A questo punto del discorso è necessario sottolineare che non bisogna assimilare i ragionamenti che Dante fa circa l'ordinamento del cosmo e delle scienze nel secondo libro del *Convivio* ai ragionamenti che avrebbe sviluppato a partire dal quarto trattato circa la nobiltà dell'anima (quarto trattato) e circa le virtù che rendono nobile tale animo (trattati dal quinto al quindicesimo). Nel caso dell'ordinamento cosmologico Dante, collocando la filosofia morale come ultima scienza, ordinatrice celeste di tutte le altre scienze, si allontana dalla cosmologia aristotelica che contemplava la *metafisica* come ultima scienza, come già illustrava Etienne Gilson[19]: questo accade solo perché i medievali aggiungono un cielo al cosmo che è l'empireo che è la sede della Sapienza divina. Nell'ipotetica ricostruzione dell'intera concezione del *Convivio*, proposta in questa sede, Dante avrebbe seguito invece il discorso relativo alle virtù sviluppato nel quarto e quinto libro dell'*Etica a Nicomaco* e avrebbe perciò dedicato il quattordicesimo trattato alla giustizia definita da Aristotele nell'*Etica* e da Dante nel *Convivio* come la più umana delle virtù e il quindicesimo trattato alla sapienza, la più perfetta delle scienze per Aristotele che Dante non avrebbe potuto che collocare nell'empireo dopo averla trasformata in Sapienza divina.

La sapienza (*sophia*) dell'*Etica a Nicomaco* è «la più perfetta delle scienze[20]», la saggezza (*phronesis*), che nel pensiero dantesco è la discrezione, riguarda i beni umani e le cose su cui è «possibile deliberare: infatti noi diciamo che soprattutto questa è la funzione del saggio, il deliberare bene[21]». La saggezza è la virtù relativa alla filosofia morale.

---

17 «Scopo della saggezza non è quello di possedere queste conoscenze teoriche, ma quello di far diventare virtuosi» *Ethic. Nic.* VI, 12 1143 b 25 (ed. Bekker 1831), trad. Mazzarelli, p. 251. La saggezza, continua Aristotele, è tuttavia inferiore alla sapienza che sola produce la felicità.

18 *Ethic. Nic.* VI 12 1144 a (4) [20] (ed Bekker), trad. Mazzarelli, p. 251.

19 In proposito si veda anche Claudia Di Fonzo, *Ordinamento cosmologico e ordinamento giuridico*, in Ead., *Dante e la tradizione giuridica*, Roma, Carocci, 2016, p. 37-60.

20 *Ethic Nic.* VI, 7 1141 a 15 (ed. Bekker).

21 *Ethic Nic.* VI, 7 1141 b 5-10, trad. Mazzarelli 1993, p. 241. Si legga anche *Ethic. Nic.* VI 5 1140 a 25 – 1140 b 5 (ed. Bekker 1831), trad Mazzarelli, p. 235-236) [25]: «Ebbene, comunemente si ritiene che sia proprio del saggio essere capace di ben deliberare su ciò che è buono e vantaggioso per lui, non da un punto di vista parziale, come, per esempio,

Aggiunge Aristotele che quella «saggezza che ha per oggetto una città, in quanto architettonica, è saggezza legislativa; ma in quanto riguarda gli atti particolari, ha il nome comune di saggezza politica[22]». Tra le specie della deliberazione c'è poi l'attitudine a deliberare bene che è una specie di rettitudine[23]. Poiché sono soltanto critici, l'esercizio del giudizio e della discrezione pertengono alla Sapienza, l'agire, invece, pertiene alla saggezza.

L'uomo è nobile, per Dante, quando è in grado di esercitare la parte più nobile dell'anima razionale, cioè la discrezione. Nel terzo trattato del *Convivio* Dante aveva scritto, inoltre, che l'uomo è un effetto della divina sapienza anzi «intra li effetti della divina sapienza [...] è mirabilissimo considerando come in una forma la divina virtute tre nature congiunse,

per la salute, o per la forza, ma su ciò che è buono e utile per una vita felice in senso globale. Una prova ne è che noi chiamiamo saggi coloro che lo sono in un campo particolare, quando calcolano [30] esattamente i mezzi per ottenere un fine buono in cose che non sono oggetto di un'arte. Ne consegue che anche in generale è saggio chi è capace di deliberare. Ma nessuno delibera sulle cose che non possono essere diversamente, né sulle cose che non gli è possibile fare lui stesso. Cosicché, se è vero che scienza implica dimostrazione, ma che, d'altra parte, non v'è dimostrazione delle cose i cui principi possono essere diversamente [35] (tutte queste infatti possono essere anche diversamente), e poiché non [1140b] è possibile deliberare su ciò che è necessariamente, la saggezza non sarà né scienza né tecnica. Non sarà scienza perché l'oggetto dell'azione può essere diversamente, e non sarà arte perché il genere dell'azione e quello della produzione sono diversi. In conclusione, resta che la saggezza sia [5] una disposizione vera, ragionata, disposizione all'azione avente per oggetto ciò che è bene e ciò che è male per l'uomo. Infatti, il fine della produzione è altro dalla produzione stessa, mentre il fine dell'azione no: l'agire moralmente bene è un fine in se stesso. Per questo noi pensiamo che Pericle e gli uomini come lui sono saggi, perché sono capaci di vedere ciò che è bene per loro e ciò che è bene per gli uomini in generale; [10] e tale capacità hanno, secondo noi, gli uomini che sanno amministrare una famiglia o uno Stato. Per questo motivo attribuiamo alla temperanza questo nome, perché salva la saggezza [difficile rendere i termini greci e il gioco di parole]. Salva, cioè, il giudizio saggio. In effetti, non è che il piacere e il dolore corrompano e distorcano ogni tipo di giudizio (per esempio, questo: il triangolo [15] ha o non ha la somma degli angoli interni uguale a due angoli retti), bensì soltanto i giudizi che riguardano l'azione. Infatti, i fini delle azioni sono le azioni stesse: a chi è corrotto dal piacere o dal dolore non è più manifesto il principio, né che è in vista di questo o per causa sua che deve scegliere e fare tutto ciò che sceglie e fa: il vizio, infatti, distrugge il principio dell'azione morale. [20] Per conseguenza, la saggezza è necessariamente una disposizione ragionata, vera, disposizione all'azione nel campo dei beni umani. Inoltre, dell'arte c'è una virtù, ma non c'è una virtù della saggezza: cioè, nel campo dell'arte è preferibile chi sbaglia volontariamente, mentre nel caso della saggezza, come in quello delle altre virtù, sbagliare volontariamente è peggio. Dunque, è chiaro che la saggezza è una virtù [25] e non un'arte».

22 *Ethic Nic.* VI 8 1141 b 20-25 (ed. Bekker), trad. Mazzarelli 1993, p. 241.
23 *Ethic Nic.* VI 9 1142 b 5 (ed. Bekker), trad. Mazzarelli 1993, p. 245.

e come sottilmente armoniato conviene esser lo corpo suo, a cotal forma essendo organizzato per tutte quasi sue vertudi[24]». L'ultimo libro del *Convivio*, secondo questa ricostruzione, doveva essere dunque dedicato alla più perfetta delle scienze, madre di ogni scienza, cioè la sapienza. Grazie ad essa, continua Aristotele nell'Etica, il sapiente è reso capace di cogliere «il vero per quanto riguarda i principi stessi. Così si può dire che la sapienza sia insieme intelletto e scienza, in quanto è scienza, con fondamento, [20] delle realtà più sublimi[25]». In *Convivio* III xv 15 Dante afferma che «in massima laude di sapienza, dico lei essere di tutto madre [e prima di] qualunque principio, dicendo che con lei Iddio cominciò lo mondo e spezialmente lo movimento del cielo, lo quale tutte le cose genera e dal quale ogni movimento è principiato e mosso».

L'uomo nobile, e dunque virtuoso, amante della sapienza, è capace di dirigere la sua volontà verso la giustizia che sola si attua nella relazione con gli altri uomini. Per attuare la giustizia nella prassi egli ha bisogno del diritto che è quel deposito di saggezza concreta e condivisa che Dante, sulla base del *Digesto*, definisce «arte di bene e d'equitade», cioè l'arte di ben fare e di agire con equitade[26] che ha il compito di trovare e preservare una misura di proporzione tra gli uomini e che ha come fine quello di perseguire il bene comune e dunque preservare la pace[27]. Nella

---

24 *Cv* III viii 1 (ed. Ageno, p. 195). Seguono nel testo del *Convivio* due citazioni tratte dall'Ecclesiastico (ovvero dal Siracide) circa l'insondabilità della Sapienza di Dio: *Eccli* I, 5: «*Sapientiam Dei præcedentem omnia quis investigavit?* (Chi investigò la Sapienza di Dio che tutte le cose precede?)»; *Eccli* III, 22: «*Altiora te ne quæsieris, et fortiora te ne scrutatus fueris; sed quæ præcepit tibi Deus, illa cogita semper, et in pluribus operibus eius ne fueris curiosus* (Non cercare le cose che sono troppo alte per te; e non investigare le cose che sorpassano le tue forze; le cose che Dio ti ha comandato, quelle medita sempre e non essere curioso nell'esaminare la più grande parte delle sue opere» (*Cv.* III viii 2, ed. Ageno 1995, vol. 2, p. 196).

25 *Ethic Nic.* VI 7 1141a (ed. Bekker), trad. Mazzarelli p. 239.

26 *Cv* IV ix 8 e *Dig* I,1,1 Mommsen – Krueger I, p. 1.

27 Due i passi da tenere a mente: *Cv* IV ix 8 e *Mn* II v 1-3. *Cv* IV ix 8: «E con ciò sia cosa che in tutte queste volontarie operazioni sia equitade alcuna da conservare e iniquitade da fuggire» (la quale equitade per due cagioni si può perdere, o per non sapere quale essa sia o per non volere quella seguitare), trovata fu la ragione scritta e per mostrarla e per comandarla. Onde Augustino: «Se questa – cioè equitade – li uomini la conoscessero, e conosciuta servassero, la ragione scritta non sarebbe mestiere; e però è scritto nel principio del Vecchio Digesto: "La ragione scritta è arte di bene e d'equitade"» (ed. Ageno, p. 316). In proposito si legga Diego Quaglioni, *"Arte di bene e d'equitade". Ancora sul senso del diritto in Dante (Monarchia II, v, 1)*, in «Studi Danteschi» 76 (2011), p. 27-46; *Mn* II v 1-3: «*Quicumque preterea bonum rei publice intendit, finem iuris intendit. Quodque ita sequatur sic ostenditur: ius est realis et personalis hominis ad hominem proportio, que servata hominum servat*

riflessione di Dante, in conformità allo spirito giuridico del suo tempo, il diritto discende dalla giustizia ed è l'arte dell'«equitade», ovvero l'arte di passare dall'universale al particolare, dalla virtù nell'accezione generale alla sua applicazione umana.

Aristotele nell'*Etica* scrive che sebbene «giusto ed equo» siano la stessa cosa e sebbene siano entrambi buoni, «è l'equo che ha più valore. Ciò che produce l'aporia è il fatto che l'equo è sì giusto, ma non è il giusto secondo la legge, bensì un correttivo del giusto legale. Il motivo è che la legge è sempre una norma universale, mentre di alcuni casi singoli non è possibile trattare correttamente in universale[28]». Lo Stagirita procede nel suo ragionamento dicendo che «l'equo è giusto, anzi migliore di un certo tipo di giusto, non del giusto in senso assoluto. L'equità non è altro che la giustizia realizzata nel caso concreto[29]». Da questa proposizione di Aristotele Tommaso ricava che è difficile conoscere ciò che è giusto o ingiusto[30].

Se dunque il giusto politico, quello che si realizza nella società, in generale, può essere declinato, per Aristotele come per Dante, in giusto naturale e giusto legale, esistono casi concreti in cui anche il giusto legale (la legge positiva) deve essere corretto e adeguato in base ad un principio equitativo che è quello stesso principio di misericordia che sempre si accompagna alla giustizia quando si parla della giustizia di Dio nell'*Antico Testamento* e che presiede all'invenzione della norma di distribuzione delle anime nel *Paradiso* dantesco: principio che permette a ciascuna anima di godere in pienezza una misura limitata e gradualmente crescente di beatitudine[31].

---

sotietatem, et corrupta corrumpit – nam illa Digestorum descriptio non dicit quod quid est iuris, sed describit illud per notitiam utendi illo» («Inoltre, chiunque persegue il bene della cosa pubblica, persegue il fine del diritto. E che questa sia la conseguenza si dimostra così: il diritto è una proporzione reale e personale nella relazione tra uomo e uomo, la quale conservata conserva la società, e corrotta la corrompe. La nota descrizione dei *Digesti* [Vecchio e Nuovo], infatti, non dice che cosa è la sostanza del diritto, ma lo descrive mediante la nozione del suo uso» – trad. Quaglioni, Mondadori, 2015, p. 205-209)

28 *Ethic. Nic.* V 10 1137 b (ed. Bekker), trad. Mazzarelli, p. 221.

29 *Ethic. Nic.* V 10 1137 b (ed. Bekker), trad. Mazzarelli, p. 221.

30 Cfr. Tommaso d'Aquino, *Commento all'"Etica Nichomachea" di Aristotele* (trad. Perotto), vol. 2, p. 624-625.

31 Circa la pienezza della beatitudine nei cieli del Paradiso si legga Claudia Di Fonzo, *Æquitas e giustizia distributiva nel «Paradiso» di Dante*, in *Challenging Centralism: Decentramento e autonomie nel pensiero politico europeo*, a cura di Lea Campos Boralevi, Firenze, Firenze University Press, 2011, p. 43-52.

Ci sono circostanze che più di altre abbisognano di correttivi o adeguamenti della norma: Aristotele parla di un «decreto particolare» cioè di una determinazione speciale che corregge, talvolta, una legge generale. Dante recepisce questa nozione quando, nel descrivere il bassorilievo raffigurante l'episodio dell'Annunciazione di Maria scrive de «L'angel che venne in terra col decreto / de la molt'anni lagrimata pace / ch'aperse il ciel del suo lungo divieto[32]»: Dio interviene nella storia dell'uomo e con l'annuncio dell'incarnazione di Cristo modifica il giudizio e la sentenza di condanna di Adamo con un nuovo decreto che toglie vigore al precedente.

A partire da quanto detto fin'ora possiamo ricostruire l'intero piano dell'opera tenendo in filigrana il quarto e quinto libro dell'*Etica*. Nel quarto libro del *Convivio* Dante parla della nobiltà e del rapporto tra nobiltà e virtù affermando che la nobiltà è un concetto più ampio della virtù. Nello stesso trattato Dante parla del coraggio e della discrezione che permettono di governare la parte istintiva dell'anima (temperanza). A questo punto Dante avrebbe dedicato i seguenti nove trattati del *Convivio*, dal quinto fino al tredicesimo, alle nove virtù etiche descritte nel quarto libro dell'*Etica* a partire dalla virtù successiva alla temperanza di cui aveva già parlato nel quarto trattato ragionando dell'anima razionale e della discrezione. Sono nove: la liberalità, la magnificenza, la magnanimità, il giusto amore per gli onori, la bonarietà, l'affabilità, la sincerità, il garbo e il pudore. Infine avrebbe dedicato i due trattati conclusivi, quattordicesimo e quindicesimo, alla giustizia e alla sapienza seguendo non più il quarto ma il quinto libro dell'*Etica* aristotelica.

La nobiltà d'animo a cui è dedicata la canzone *Le dolci rime d'amor ch'io solea* e il commento che sostanzia il quarto trattato del *Convivio*, non è altro che quella virtù sovraumana che caratterizza gli uomini e gli eroi eccezionalmente virtuosi e li dispone dunque ad attuare la giustizia[33]: una questione che, dopo aver interessato Dante (*Convivio* IV)[34],

---

32 *Pg* X, 33-36 (ed. Petrocchi, Firenze, Le Lettere, 1994)

33 Cfr. *Ethic. Nic.* VII 1 1145 e *Cv* VII 7: «E questi cotali chiama Aristotile, nel settimo dell'Etica, divini» (ed. Ageno, p. 191). In proposito Claudia Di Fonzo, *Dalla letteratura al diritto e ritorno: il concetto di nobiltà da Dante a Tasso passando per Bartolo*, in «Forum Italicum» 52/1 (may 2018), p. 1-14.

34 Si legga in proposito Maria Simonelli, *Il tema della nobiltà in Andrea Cappellano e in Dante*, in «Dante Studies» 84 (1966), p. 51-64.

interesserà uno dei maggiori rappresentanti del dantismo giuridico del Trecento: Bartolo da Sassoferrato[35].

Del resto l'intreccio tra riflessione teologica e riflessione giuridica nella letteratura delle origini è estremamente significativo. La definizione stessa della giustizia nei termini di volontà costante e perpetua di attribuire a ciascuno il suo diritto, aveva dato origine a un serrato dibattito nel quale erano intervenuti glossatori del calibro di Accursio e teologi quali Tommaso d'Aquino[36].

Dante sembra voler affrontare a risolvere, come già aveva fatto Tommaso nella sua *quæstio*, l'aporia teorica circa la praticabilità di una giustizia che, nel *Digesto Vecchio*, era definita come costante e perpetua. Si tratta di stabilire i limiti della giustizia umana e la relazione esistente tra questa giustizia e il diritto positivo che da essa discende[37]. Dante, inoltre, si serve delle fonti del diritto al modo in cui i giuristi antichi si erano serviti di Omero per attribuire autorità alle loro codificazioni[38]. Nel quarto trattato del *Convivio*, infatti, per sostenere la specificità di ciascuna arte e giungere alla conclusione che ciascun artista ha la sua materia di competenza, Dante ricorre alla definizione che del diritto

---

35 In proposito Claudia Di Fonzo, *Dalla letteratura al diritto e ritorno: il concetto di nobiltà da Dante a Tasso passando per Bartolo*, in «Forum Italicum» 52/1 (may 2018), p. 1-14. Per approfondire l'idea di nobiltà in ambito politico è utile il saggio di A. H. Schutz, *The Provençal Expression «Pretz e Valor»*, in «Speculum», XIX, 1944, p. 488-493.

36 Cfr. la glossa a «*Iustitia*» ad *Inst.* 1,1 pr in Accursii *Glossa in Codicem* (ed. Augustæ Taurinorum, Ex officina Erasmiana, 1968), f. 1r e l'articolo primo della *Summa Theologiae*, II[a] II[æ] q. LVIII in *Sancti Thomæ de Aquino Summa Theologiæ* (ed. 1988), p. 1332. Cfr. Quaglioni 2004: 77 e 147.

37 In proposito ricordo la felice formula del libro di Justin Steiberg *Dante and the limits of law* poi tradotta in italiano da Sara Menzinger con *Dante e i confini del diritto*, Roma, Viella, 2016.

38 Cfr. *Cv* IV ix 8 e *Cv* IV xix 4. La prassi della citazione eteronoma è antica. Molte sono le citazioni tolte da Omero e utilizzate nella compilazione giustineanea. In proposito si legga l'articolo pionieristico di Filippo Stella Maranca, *Omero nelle Pandette*, in «Bullettino dell'Istituto di Diritto Romano» 35 (1927), p. 52 sgg. e quello recente di Mario Fiorentini, *I giuristi romani leggono Omero. Sull'uso della letteratura colta nella giurisprudenza classica»* in «Bullettino dell'Istituto di Diritto Romano "Vittorio Scialoja"», serie IV, vol. 3 (2013), p. 167-197. Per quanto riguarda l'epoca dello *ius commune* ricordo il caso di Alberto Gandino che nel suo trattato di diritto criminale (*Tractatus de maleficiis*, rubr. *Quid sit fama*, 1), afferma che qualora manchino le leggi non è proibito al giurista allegare *auctoritates* di altra natura (ad esempio letteraria o filosofica): «*ubi leges deficiunt, non est prohibitum allegare, ut ff. de statu hominum l. septimo et ff. de solutionibus l. si pater*». In proposito si legga Diego Quaglioni, *"Licet allegare poetas". Formanti letterari del diritto tra Medioevo ed Età Moderna*, Poesia e diritto in *Due e Trecento italiano* a cura di Franziska Meier e Enrica Zanin, Ravenna, Longo, 2019 [Memoria del Tempo 65], p. 208-219.

fornisce Celso in quanto arte di bene e d'equitade[39]. In un secondo passo del trattato Dante spiega quale sia la relazione tra la nobiltà e la virtù e affermare che ovunque sia «vertude» c'è nobiltà, ma che non è vero il contrario poiché la nobiltà contiene molte altre cose oltre la virtù (come la pudicizia o il coraggio)[40]; la qual cosa, essendo evidente, non ha bisogno di dimostrazioni «così come è scritto in Ragione (ovvero nel *Digesto*)[41] e per Regola di Ragione (cioè nella glossa di Accursio)[42]. Il ricorso alla *auctoritas* del *Digesto* e della glossa libera Dante dalla necessità di dimostrare ulteriormente le sue affermazioni.

In conclusione secondo l'ipotesi argomentata in questa sede Dante avrebbe fatto seguire al trattato dedicato alla giustizia, penultimo del *Convivio*, un ultimo trattato dedicato alla Sapienza che è ultima e più perfetta di ogni scienza e che come in uno specchio può dimorare nella sola nobiltà d'animo. La Sapienza, infatti, è colei che nell'*Antico Testamento* sedeva alla destra di Dio quando egli creava il mondo[43], è lo Spirito di scienza e conoscenza di Dio che si comunica all'uomo e che perfeziona le sue virtù etiche per condurre la sua anima alla beatitudine.

---

39 *Cv* IV IX 8. Definizione tratta dal *Digesto Vecchio*, sotto il titolo *De iustitia et iure* D 1,1,1.

40 *Cv* IV XIX 4: «Poi che nella precedente parte sono pertrattate certe cose [e] determinate, ch'erano necessarie a vedere come diffinire si possa questa buona cosa di che si parla, procedere si conviene alla seguente parte, che comincia: "È gentilezza dovunqu'è vertute". [...] Ad evidenzia della prima parte, da reducere a memoria è che di sopra si dice che se nobilitade vale e si stende più che vertute, [vertute] più tosto procederà da essa. La quale cosa ora questa parte pruova, cio[è] che nobilitade più si stenda; e rende essempio del cielo, dicendo che dovunque è vertute, quivi è nobilitade. / E qui si vuole sapere che, sì come scritto è in Ragione e per regola di ragione si tiene, quelle cose che per sé sono manifeste non *hanno* mestiere di pruova: e nulla n'è più manifesta che nobilitade essere dove è vertute, [ché] ciascuna cosa volgarmente vedemo, in sua natura [virtuosa], nobile essere chiamata. [...] Dice adunque: sì com'è 'l cielo dovunqu'è la stella, e non è questo vero *e converso*, cioè rivolto, che dovunque è cielo sia la stella, così è nobilitade dovunque è virtute, e non virtute dovunque è nobilitade: e con bello e convenevole essempio, ché veramente [nobilitade] è cielo nello quale molte e diverse stelle riluceno. Riluce in essa le intellettuali e le morali virtudi; riluce in essa le buone disposizioni da natura date, cioè pietade e religione, [e] le laudabili passioni, cioè vergogna e misericordia e altre molte; riluce in essa le corporali bontadi, cioè bellezza e fortezza e quasi perpetua valitudine».

41 *Digesto* XXXIII IV 1, 8: «*Quidquid demonstratæ rei additur satis demonstratæ, frustra est*» («Aggiungere una qualche dimostrazione (prova) alle cose già sufficientemente provate è inutile»).

42 Accursio, *Glossa* V 1 dig. Qui satis d. II 8: «*Quæ manifesta sunt, id est notoria, probatione non indigent* (quelle cose che sono manifeste, cioè note, non hanno bisogno di essere provate)». Vedi in proposito Luigi Chiappelli, *Dante in rapporto alle fonti del diritto e alla letteratura giuridica del suo tempo*, in «Archivio Storico Italiano» s. 5, XLI (1908), p. 2-44.

43 Cfr. Gb 28, 4.

«Quando l'anima si fa deiforme, la sapienza entra in lei, perché è un riflesso dell'eterna luce, uno specchio senza macchia dell'attività di Dio, e un'immagine della sua bontà. Sebbene unica essa può tutto [...] La santità è immediata disposizione alla sapienza[44]». La sapienza è madre di tutti i beni e soprattutto è lontana dalla insensata cura dei mortali e dai vani sillogismi dell'uomo mondano incapace di comprenderla[45].

Nessuna meraviglia, dunque, se un vero e proprio dantismo giuridico di carattere filo imperiale sia sorto proprio all'indomani della diffusione della *Commedia* di Dante, contemporaneamente alla prima divulgazione del *Convivio*, che oggi possiamo collocare all'altezza della stesura del commento di Pietro Alighieri e di quello di Andrea Lancia[46], e contestualmente alla censura della *Monarchia* (1334).

Al quinto libro dell'*Etica a Nicomaco* ricorre il giurista e figlio di Dante, Pietro Alighieri, per commentare i versi di *Inferno* VI, 73 («giusti son due e non vi sono intesi»), non senza complicare il ragionamento con categorie più schiettamente giuridiche, sulla falsariga del ragionamento condotto da Tommaso nel *Commento all'Etica Nicomachea*, laddove Aristotele suddivide il «giusto politico» in giusto naturale e in giusto legale[47]. Il *s'alcun v'è giusto* di cui si parla in *Inferno* VI, 62 è il «giusto

---

44 Paolo Fedrigotti, *Presenze tomiste e bonaventuriane nella concezione dantesca della beatitudine*, in «Studi Danteschi» LXII (2007), p. 141-213, p. 169. Fedrigotti osserva (p. 175) che Dante «coglie la portata del pensiero del Dottor Serafico e, attingendo ai temi della teologia mistica di Dionigi Areopagita rivissuti nell'esperienza di San Francesco alla Verna, celebra l'unione con Dio come amore unitivo, esclusivo ed assoluto. Bonaventura ritiene che un essere possa avere la beatitudine *per essentiam* o *per primam influentiam et per quodam redundantiam* (Bonaventura, *In III Sent.*, d. 28, a unic, q 5, vol. III, p. 629)». Bonaventura parla di «amore sequestrativo». In proposito si veda Bonaventura da Bagnoregio, *La Sapienza cristiana. Le collationes in Hexaëmeron*, a cura di Vincenzo Cherubino Bigi, Milano, Jaca Book, 1985, p. 59-60.

45 In proposito indico uno dei contributi più recenti: Ronald L. Martinez, *La sapienza nei libri e nelle stelle: le due corone di sapienti, «Paradiso» X e XII*, in «Studi Danteschi» LXXXIII (2018), p. 15-54.

46 Cfr. Luca Azzetta, *La tradizione del «Convivio» negli antichi commenti alla «Commedia»: Andrea Lancia, l'«Ottimo commento» e Pietro Alighieri*, in «Rivista di Studi Danteschi», V (2005), p. 3-34; e dello stesso autore *Il «Convivio» e i suoi più antichi lettori*, in «Testo», XXXII, 61-62 (2011), p. 225-238. Azzetta individua nel volgarizzamento della *Consolatio* di Boezio del notaio Alberto della Piagentina uno dei canali di divulgazione del *Convivio*.

47 Tommaso d'Aquino, *In Ethic. Nicom* V, lez. 12: «*Dicit ergo primo, quod politicum iustum dividitur in duo: quorum unum est iustum legale. Est autem hæc eadem divisio cum divisione quam iuristæ ponunt, scilicet quod iuris aliud est naturale, aliud positivum. Idem enim nominant ius, quod Aristoteles iustum nominat. Nam et Isidorus dicit in libro Ethymologiarum [V 3], quod* ius *dicitur quasi* iustum». Traduco: «Egli dice che il giusto politico si divide in due,

politico» dell'*Etica*, che si declina a sua volta in due giusti: «naturale» e «legale», non perseguiti («intesi») da alcuno[48]. Nel suo *Comentum*, cioè nell'ultima redazione del suo commento, Pietro assimila questi due giusti a due delle tre donne di cui parla la canzone *Tre donne intorno al core mi son venute*, e precisamente a quelle nate per partenogenesi da Drittura (giustizia/giusto naturale):

> Circa questo passo bisogna notare che l'autore vuole trattare di quei tre diritti dei quali parla in una sua canzone che comincia "Tre donne intorno al cor mi son venute" interpretando queste tre donne come le tre leggi che discendono da questi tre diritti; cioè a dire dal diritto naturale che, come dice la legge "con il genere umano discende dalla natura delle cose, cioè Dio" [Ist 2 1 11] e che come è detto nel principio del Decreto [Dect. I 1] "è contenuto nella legge e nel Vangelo", in forza del quale ciascuno è obbligato a fare agli altri ciò che vuole che sia fatto a lui ed tenuto a non fare agli altri ciò che non vuole sia fatto a sè, come recita Matteo VII [12]; questo "ius" è detto da Isidoro "fas", cioè legge divina; ed è chiamato Drittura dall'autore nella sua canzone[49].

Appena dopo aver precisato che Dante sta parlando dei due giusti, cioè del giusto naturale e del giusto legale, Pietro spiega che quest'ultimo si articola, a sua volta, in diritto delle genti e in diritto civile o proprio, cioè della città di Firenze:

---

dei quali l'uno è il giusto legale. Ma questa è la stessa distinzione che fanno i giuristi cioè tra un diritto naturale e un diritto positivo. Infatti essi appellano "ius" quello che Aristotele chiama "iustum". Infatti anche Isidoro nel libro delle *Etimologie* [V,3] dice che "ius" si dice come se fosse "iustum"». Cfr. *Monarchia*, ed. Quaglioni, 2015, p. 205-206, in nota.

48 *If* VI,73. In proposito si legga Claudia Di Fonzo, *Giusti son due e non vi sono intesi*, in «Forum Italicum» 44/1 (Spring 2010), p. 1-32, oggi in *Ead.*, *Dante e la tradizione giuridica* cit., p. 78-96.

49 Pietro Alighieri (1359-1364), *Inferno* 6.73. A testo la mia traduzione. Di seguito riporto la citazione del brano nella lingua originale: «circa hunc passum est notandum quod auctor vult hic tangere de illis tribus iuribus de quibus tetigit in illa sua cantilena que incipit: Tre donne intorno al cor mi son venute {Dante, *Rime* CIV 1}, accipiendo dictas tres dominas ut tres leges descendentes a dictis tribus iuribus, scilicet a iure naturali quod, ut dicit Lex, *Cum ipso genere humano rerum natura, idest Deus, prodiit*, et quod id dicitur in principio *Decretorum*: *In lege et in Evangelio continetur, quo quisque iubetur alii facere quod sibi vult fieri, et prohibetur alii inferre quod sibi nolit fieri, ut Mathei* vii habetur {*Decr. Grat.* I D. c. i. *Matt. VII* 12}; quod *Ius*, secundum Ysiderum, *dicitur 'fas', idest divina Lex* {*cf.* Isid., *Etym.* V II 1}, et quod auctor vocat 'dricturam' in dicta sua cantilena; (Pietro Alighieri, *Comentum super poema Comedie Dantis: A Critical Edition of the Third and Final Draft of Pietro Alighieri's "Commentary on Dante's 'Divine Comedy',"*ed. Massimiliano Chiamenti. Tempe, Arizona, Arizona Center for Medieval and Renaissance Studies, 2002 in Dartmouth Dante Project).

Il secondo diritto, detto diritto delle genti ("ius gentium") e utile al solo genere umano, comanda di vivere onestamente, di non fare altrui male e di dare a ciascuno il suo. Il terzo diritto è detto "ius civile" cioè quel diritto che ciascun popolo o città stabilì come proprio per ragione divina e umana. Ora la dette ombra dice che ammesso che questo terzo diritto civile viga a Firenze, tuttavia i due diritti di cui si parlava sopra vigono in effetti pochissimo; e poiché Isidoro sostiene che "Si dice diritto poiché è giusto", l'autore chiama qui questi due diritti, cioè il primo e il secondo, due giusti (*duo iura*)[50] .

Un giusto, quello legale, una «ragione scritta» che, in epoca di diritto comune, constava di due anime: la «ragione scritta» canonica e civile[51].

Alle due anime del diritto comune (canonica e civile) ricorre Alberico da Rosciate, laureato *in utroque iure*, quando infarcisce la sua traduzione del commento di Jacopo della Lana alla *Commedia* di una serie di importanti allegazioni giuridiche[52]. Nel proemio al *Purgatorio* del suo commento alla *Commedia*, egli cita la leggenda del Purgatorio di San Patrizio per meglio giustificare questo terzo regno di ultima concezione. L'interesse per la nascita e per l'istituzionalizzazione di questo nuovo regno si manifesta non solo nello scavo letterario ma anche nell'inserimento

---

50 Pietro Alighieri (1359-1364), *Inferno* 6.73: *secundum Ius dicitur Ius gentium, quo solum genus humanum utitur, quod quidem precipit honeste vivere, alterum non ledere et ius suum unicuique tribuere; tertium dicitur Ius civile, scilicet quod quisque populus vel civitas sibi proprium divina humanaque causa constituit* {*Decr. Grat.* I D. I c. VII-VIII}. Modo dicit dicta umbra quod, licet dictum Ius civile tertium vigeat Florentie, tamen premissa alia duo iura in effectu minime; et quia dictus Ysiderus dicit quod *Ius dictum est quia iustum est* {cf. Isid., *Etym.* V III 1}, ideo auctor vocat dicta duo Iura hic, scilicet primum et secundum, duo iusta» (Pietro Alighieri, *Comentum super poema Comedie Dantis*, cit.). La fonte che Pietro usa in questo luogo del testo è in verità la *Summa* di Tommaso, I, II, q. 94 a. 4.

51 *Cv* IV XII 9: «E che altro cotidianamente pericola e uccide le cittadi, le contrade, le singulari persone, tanto quanto lo nuovo raunamento d'avere appo alcuno? Lo quale raunamento nuovi desiderii discuopre, allo fine delli quali sanza ingiuria d'alcuno venire non si può. E che altro intende di medicare l'una e l'altra Ragione, Canonica dico e Civile, tanto quanto a riparare alla cupiditade che, raunando ricchezze, cresce? Certo assai lo manifesta e l'una e l'altra Ragione, se li loro cominciamenti, dico della loro scrittura, si leggono». Dante parla dei due fori anche in *Pd* X, 103-105: «Quell'altro fiammeggiare esce del riso / di Grazïan, che l'uno e l'altro foro / aiutò sì che piace in paradiso», un passo per il quale la critica pensò potesse pensare al foro interno della coscienza e a quello esterno, e più tardi che si trattasse dei due fori civile e canonico per il fatto che la riorganizzazione del primo giovò al secondo.

52 Sul commento di Alberico si veda la tesi di dottorato di Giovanni Zaniol, *Alberico da Rosciate (c. 1290-1360) lettore e commentatore dell'Inferno dantesco. Esegesi letteraria e tradizione giuridica*, diretta da Diego Quaglioni e Claudia Di Fonzo, Università di Trento, 2018.

della voce *Purgatorium*, accanto a quelle di *Infernus* e *Paradisus*, nel suo *Dictionarium Iuris tam Civilis quam Canonici*[53].

In tema di nobiltà («*quid sit nobilitas, seu dignitas*») invece si esercitò Bartolo per affermare la superiorità della *scientia iuris* sulla filosofia morale e promuovere così il diritto a *civilis sapientia* lasciando ai teologi la Sapienza divina[54]. Nel commentare il dodicesimo libro *Codice* (XII 1, 1), ricompreso nei *Tres Libri* (X XI e XII) contenuti nel *Volumen Parvum*[55], al fine di definire la nobiltà civile, Bartolo ricorre alla canzone *Le dolci rime d'amor ch'io solea*, canzone che il poeta commenta nel quarto libro del *Convivio* ma che circolava indipendentemente dal *Convivo* già da diversi anni. Egli si domanda «che cosa sia nobiltà, o dignità, considerato che sono la stessa cosa». Per farlo egli riferisce l'opinione di

> un certo poeta volgare, di nome Dante Alighieri da Firenze, di venerabile e lodabile memoria, il quale fece una "cantilena" in volgare che inizia *Le dolce rime d'amor che io ch'io solea, cercar ne' miei pensieri*, etc. e in quella espose tre opinioni degli antichi. La prima è quella che dice che un tal Imperatore affermò che la nobiltà è il possesso di ricchezze e beni insieme con bei reggimenti e costumi. Altri sostennero che gli antichi buoni costumi rendono l'uomo nobile. I terzi affermarono che nobile è colui che discende da padre

---

53   Alberico da Rosciate v. *Purgatorium*, f. 660B, rist. anast. Torino, Bottega d'Erasmo, 1971. Su tutto questo Claudia Di Fonzo, *Dante e il dantismo giuridico del Trecento*, in *Iura Monarchæ. Il pensiero politico di Dante tra Antichità, Medioevo ed Età moderna*, a cura di Michele Curnis, in «Tenzone» 19 (2018), p. 79-108.

54   Bartolus a Saxo Ferrato, *In tres Codicis libros*, Venetiis, 1570, *l. Si ut proponitis, C. de dignitatibus* (C. 12, 1, 1), p. 46r-48v, p. 46vb (nn. 46-47).

55   La lettura dei *Tres libri* è attribuita a Bartolo fino a C. 11, 34. A Bartolo, già in antico, è attribuito anche il commento alla prima costituzione del libro XII [C 12, 1, 1] sulla base di una autocitazione individuata nel Cinquecento dal giurista Giasone del Mano nel *de conditis in publicis horreis l.* 1 [C. 10, 26, 1] ove si legge che deve essere considerato nobile colui che è prudente e virtuoso («ille dicatur nobilis qui est prudens et virtuosus») ma che diversamente Bartolo stabilì nel commento al titolo *de dignitatibus* e a quello rimando («Sed aliter determinavi in l. 1 infra *de dignitatibus* et ibi vide plene»). Cfr. Paolo Mari, *Aspetti della vita quotidiana nell'opera di Bartolo*, in *Bartolo da Sassoferrato nel VII centenario della nascita: diritto, politica, società*. Atti del L Convegno storico internazionale (Todi-Perugia, 13-16 ottobre 2013), Spoleto, Centro Italiano di Studi sull'Alto Medioevo, 2014 [Atti dei convegni del Centro Italiano di Studi sul Basso Medioevo. Accademia Tudertina e del Centro di Studi sulla Spiritualità Medievale 27], p. 667-706, a p. 673 e nota relativa. Paolo Mari non condivide l'opinione di Annalisa Belloni che ascrive il commento ai *Tres libri* al periodo giovanile e bolognese di Bartolo. Cfr. A. Belloni, *Bartolo studente e maestro e i suoi commentari*, in *Bartolo da Sassoferrato nel VII centenario della nascita: diritto, politica, società* cit., p. 559-584, a p. 568.

o antenato valente, e tutte queste opinioni egli respinge. Infine egli afferma che chiunque è virtuoso è nobile[56].

Al giurista Bartolo da Sassoferrato, al quale si può attribuire con certezza il commento al *Codice* almeno fino alla prima parte del libro XII[57], preme la definizione di *nobilitas seu dignitas* nell'accezione politica e civile. Bartolo assimila il concetto di *dignitas* a quello di *nobilitas*, in forza del fatto che la *dignitas* come la *nobilitas* distingue e rende eccellente o preeminente un uomo rispetto ad un altro. Quindi si volge a Dante che è poeta autorevole al fine di accreditare la sua trattazione. Tuttavia egli ricorre alla canzone di Dante confutandone le argomentazioni[58]: Il giurista, infatti, solo in alcuni casi aderisce alle argomentazioni di Dante, così come egli stesso afferma («*et hoc est verum, ut infram dicam, et in hoc bene dicit poeta*»), più spesso invece vi «si oppone, non senza aver prima dichiarato tutto il rispetto per la memoria del poeta: "*Mihi videtur salva reverentia tanti poetæ quod dictæ rationes factæ ad reprobandum dictas opiniones non sunt veræ*"[59]». Allo stato dell'opera possiamo affermare che Bartolo certamente conoscesse la *Monarchia*, come già notavano Ercole, Solmi[60] e specialmente Crosara[61]: ma possiamo altresì dire che egli non conoscesse il *Convivio*: non tuttavia per la ragione indicata dalla critica

---

56   Bartolus a Saxo Ferrato *In tres Codicis libros* cit., p. 46r-48v, a p. 46v b (nn. 46-47). La traduzione è mia. Cfr. Claudia Di Fonzo, *La questione della nobiltà da Dante al dantismo giuridico*, in Poesia e diritto in *Due e Trecento italiano* cit., p. 161-173.

57   Lo sosteneva il Diplovatazio. Il Tregghiari aggiunge che il commento ai *Tres Libri* non è opera giovanile, ma della maturità e aggiunge che la *repetitio a C. 12, 1, 1*, sulla base dei riferimenti inequivocabili alla città, è stata redatta a Perugia. In proposito Treggiari (2014), p. 35-46.

58   Sulla rilevanza di questa allegazione letteraria in ambito giuridico già si era espresso Filippo Cancelli, nella voce *Bartolo da Sassoferrato* dell'*ED* (vol. 1, p. 524-526).

59   Diego Quaglioni, *La Vergine e il diavolo. Letteratura e diritto, letteratura come diritto*, in «Laboratoire Italien» 5, p. 39-55, a p. 48.

60   In proposito Arrigo Solmi, *Il pensiero politico di Dante: studi storici*, Firenze, La voce, 1922, a p. 85, n. 91 e sgg.

61   In proposito Francesco Crosara, *Dante e Bartolo da Sassoferrato. Politica e diritto nell'Italia del Trecento*, in *Bartolo da Sassoferrato. Studi e documenti per il VI centenario*, II, Milano, Giuffrè, 1962, p. 107-198, a p. 154. Bartolo nel commentare un titolo del *Digesto Nuovo* si chiede se il giudice della città potesse citare qualcuno che è fuori dal territorio cittadino per il tramite di un messaggero o mediante lettera; per discutere la questione si richiama alla decretale *Pastoralis cura* (*Clementinæ*, II, tit. II, c. 2) che nega tale possibilità. A questo proposito Bartolo cita espressamente la *Monarchia* «et hoc prout tenemus illam opinionem quam tenuit Dantes. prout illa comperi in uno libro quem fecit, qui vocatur Monarchia. In quo libro disputavit tres questiones, quarum una fuit, an Imperium dependeat ab

recente, quanto piuttosto per una ragione interna al testo della *repetitio* che non è stata giustamente valutata.

Ha dunque ragione Borsa quando sostiene che Bartolo non conoscesse il *Convivio*[62], ma commette un errore nel momento probatorio cioè quando adduce, a sostegno della sua tesi, un luogo del testo della *repetitio* che non può essere in nessun modo riferito a una trattazione filosofica e tantomeno al *Convivio* poiché Bartolo sta parlando di trattazioni di carattere giuridico, anzi di leggi. Bartolo, ancora prima di ricorrere alla canzone di Dante *Le dolci rime d'amor ch'io solea* e appena dopo aver detto che nobiltà e dignità sono equivalenti, in quanto rendono un certo soggetto superiore ad un altro, afferma, infatti, che non esiste una speciale trattazione o rubrica («*spetialem tractatum*») dedicata alla nobiltà ma che esiste una speciale trattazione e rubrica dedicata alla dignità nell'ambito della produzione normativa[63]. Del resto il volgarizzamento di Lapo Zanchini da Castiglionchio è chiarissimo nel merito poiché traduce «E però le leggi non ponghono speciale rubrica o trattato della nobiltà, ma ponghono trattato e rubrica della degnità, la quale, come detto, è una medesima cosa et per tanto si può dire che le leggi trattino della nobiltà[64]». Il ragionamento di Bartolo procede per gradi: pur mancando nel *corpus* normativo una specifica trattazione (*tractatum*) circa la nobiltà (*de nobilitate*), esistendo tuttavia un titolo denominato *de dignitatibus* e altri numerosi brani del *Corpus* che parlano di nobiltà, avendo osservato che i due concetti sono assimilabili; egli sostiene di poter agevolmente

---

Ecclesia, et tenuit quod non, sed post mortem suam, quasi propter hoc fuit damnatus de heresi».

62 Paolo Borsa, «*Sub nomine nobilitatis*». *Dante e Bartolo da Sassoferrato*, in *Studi dedicati a Gennaro Barbarisi*, a cura di C. Berra e M. Mari, Milano, CUEM, 2007, p. 59-121, alle p. 86-87. L'opinione di Borsa è recepita da Fioravanti nella sua edizione del *Convivio* in D. Alighieri, *Opere*. Edizione diretta da Marco Santagata, II (*Convivio, Monarchia, Epistole, Egloghe*), a cura di Gianfranco Fioravanti, Claudio Giunta, Diego Quaglioni, Claudia Villa, Gabriella Albanese, Milano, Mondadori, 2014.

63 «*Ergo apparet: quia, licet sub nomine nobilitatis non habeamus spetialem tractatum, tamen habemus hunc librum de dignitatibus et in multis aliis partibus iuris, ideo de nobilitate recte tractare possumus*» (Bartolus a Saxo Ferrato (ed. Venezia 1570), in *l. si ut proponitis, C. de dignitatibus* [C. 12, 1, 1], cc. 46 v- 48 v, a carta 46v a).

64 Lapo Zanchini da Castiglionchio, *"Epistola al figlio Bernardo" e due "Lettere" di Bernardo al padre*, a cura di Serena Panerai, in *"Antica possessione con belli costumi": due giornate di studio su Lapo da Castiglionchio il Vecchio*, Firenze-Pontassieve (3-4 ottobre 2003) a cura di Franek Sznura; con la nuova edizione dell'*Epistola al figlio Bernardo*, Firenze, Aska, 2005, p. 323-449, alle p. 325-431, alla p. 341.

disputare della nobiltà[65] prima di fare ricorso alla fonte letteraria alla quale ricorrerà solo nel paragrafo successivo.

Tale dichiarazione non serve dunque in nessun modo a dimostrare che Bartolo non conoscesse il *Convivio*. Per sostenere che non lo conoscesse non è neppure sufficiente il fatto che Bartolo menzioni la sola canzone morale senza far riferimento ad alcun commento. Nel volgarizzamento Lapo da Castiglionchio illumina questo passaggio affermando che

> Appresso fa quistione quello excellentissimo dottore messer Bartolo il cui ingegno fu mirabile e domanda che cosa sia nobiltà e degnità, prendendo la degnità in quello modo che sia una cosa colla nobiltà, come detto è. E rispondendo, acciò che più chiaramente riluca la verità, recita che fu uno Dante di Firenze, poeta volgare di lodevole memoria e da ricordare, il quale in questa materia della nobiltà fece una cançona morale in volgare la quale comincia "Le dolci rime d'amore ch'io solea cerchare ne' miei pensieri, conviene ch'io lasci" etcetera". Nella quale cançona detto poeta recita tre oppinioni degli antichi[66].

Pur tuttavia c'è un argomento stringente a favore della mancata conoscenza del *Convivio* da parte di Bartolo ed è stato ingiustamente sottovalutato: si tratta della infedeltà di Bartolo al commento che lo stesso Dante fornisce alla canzone nel *Convivio*. Il Cancelli parlava, senza darne una giustificazione convincente, di «una studiata dissimulazione della conoscenza del Convivio[67]». Quale ragione avrebbe mai avuto Bartolo a dissimulare tale conoscenza? L'intento del giurista era piuttosto quello di usare l'allegazione letteraria per conferire autorevolezza alla sua dottrina; ed insieme per confutare e superare le argomentazioni di Dante sancendo così la superiorità del diritto sulle altre scienze[68].

---

65   «*Concluditur ergo quod nobilitas, que facit quem differre a plebeio, est quedam dignitas eo modo sumpta, quo dixi supra esse separata ab administratione. Ideo nos videmus in nostro usu nominari dignitatem illam a qua procedit nobilitas. Dicimus enim regales, ducales, marchiones, comites et similia. Quosdam vero vocamus nobiles simplices, quia ut dixi, quædam erant dignitates nominate, quædam innominatæ. Ergo apparet: quia licet sub nomine nobilitatis non habeamus aliquem spetialem tractatum, tamen habeamus hunc librum de dignitatibus et in multis aliis partibus iuris, ideo de nobilitate recte tractare possumus*» (Bartolus a Saxo Ferrato (ed. Venezia 1570), in *l. si ut proponitis, C. de dignitatibus* [C. 12, 1, 1] cc. 46 v - 48 v, a carta 46v. Cfr. Claudia Di Fonzo, *Dalla letteratura al diritto e ritorno: il concetto di nobiltà da Dante a Tasso passando per Bartolo*, p. 10-11, n. 14.

66   Lapo Zanchini da Castiglionchio, "*Epistola al figlio Bernardo" e due "Lettere" di Bernardo al padre*, p. 341. Segue il testo di Bartolo: «*Fuit enim quidam nomine Dantes Allegeri de Florentia poeta vulgaris, laudabilis, et recolendæ memoriæ, qui circa hoc fecit unam cantilenam in vulgari quæ incipit le dolce rime d'amor che io solea cercar nei miei pensieri, et cetera*».

67   Filippo Cancelli, *Bartolo da Sassoferrato*, in *ED*, vol. I, p. 524-526, a p. 526.

68   Vedi in proposito il commento a *Mn* II, III, 4 (ed. Quaglioni 2015), p. 174-177.

Bartolo, infatti, quando analizza e discute la seconda delle *opiniones* di Dante in materia di nobiltà interpreta erroneamente il verso della canzone che recita «e altri fue di più lieve savere, che tal detto rivolse e l'ultima particula ne tolse». Leggiamo il passo in questione ancora una volta e come controprova della bontà del ragionamento altrove condotto sulla scorta del solo testo latino nel volgarizzamento della seconda metà del Trecento procurato da Lapo da Castiglionchio, fedelissimo, anche in questo punto, al dettato latino della *repetitio*:

> La seconda opinione fu di coloro che rivolsero la detta definizione in questo modo: gli antichi buoni costumi fanno l'uomo nobile e rimossero l'altra parte delle ricchezze, forse perché essi non erano ricchi[69].

Bartolo dunque sta dicendo che ci sono alcuni che rovesciano il detto «antica possession d'avere con reggimenti belli», anteponendo i «reggimenti belli» all'«antica possession d'avere», e poi tolgono l'ultima «*particula*», cioè la «possession d'avere». Così facendo, la seconda opinione di Dante, secondo Bartolo, risulta essere quella di quanti identificano la nobiltà nei «reggimenti belli». Ma Dante nell'autocommento spiega che «altri fu di più lieve savere» che pensando e ripensando («rivolgendo») questa definizione in ogni sua parte

> levò via l'ultima particola, cioè li belli costumi, e tennesi alla prima, cioè all'antica ricchezza; e secondo che 'l testo pare dubitare, forse per non avere li belli costumi non volendo perdere lo nome di gentilezza, diffinio quella secondo che per lui facea, cioè possessione d'antica ricchezza[70].

Se Bartolo avesse conosciuto l'autocommento di Dante non avrebbe equivocato il verso della canzone. Del resto la canzone ha circolato indipendentemente dal prosimetro nel quale fu più tardi incastonata.

Il giurisperito conclude questa parte del suo «approfondimento» (*repetitio*) enunciando e analizzando la quarta tra le *opiniones* di Dante, quella che fu quella del poeta, e cioè che «*ubicunque est virtus etiam ibi est nobilitas*[71]» (ovunque ci sia virtù, vi è anche nobiltà) ma afferma che questo tipo di nobiltà è naturale o teologica e non interessa al giurista

---

69 Lapo Zanchini da Castigliochio, *"Epistola al figlio Bernardo" e due "Lettere" di Bernardo al padre*, cit., p. 343.

70 *Cv* IV ɪɪ 7.

71 Bartolus a Saxo Ferrato (1570c), p. 46r-48v, a p. 47v a (n. 56).

che si occupa invece della nobiltà politica o civile («*politica seu civilis*»):
quella che viene attribuita per legge dal principe e sulla base dagli
statuti cittadini. La sapienza civile è la sola scienza utile a garantire la
societas degli uomini e per dimostrarlo Bartolo si è servito della poesia
e di un poeta filosofo e teologo.

                          Claudia DI FONZO

BIBLIOGRAFIA ESSENZIALE DELLE FONTI

ACCURSii *Fiorentini glossa ad Institutiones Iustiniani imperatoris* (Liber I). Ad fidem codicum manuscriptorum curavit Petrus Torelli antecessor Bononiensis, Bologna [1939].

ACCURSIO, *Corpus iuris civilis. Quibus Iurisprudentia ex Vetribus Iurisconsultis desumpta – com Accursi j Commentarijs e Doctissimorum Virorum Annotationibus: Andrea Alciatus, Petrus Rebuffus ecc...Omnia diligentissima purgata & recognita,* apud Nicolaum Bevilaquam, Venetiis 1569.

ALBERICO DA ROSCIATE, *Dictionarium Iuris tam Civilis quam Canonici,* Venetiis, apud Guerreos fratres et socios, MDLXXIII (rist. anast. Torino, Bottega d'Erasmo, 1971).

ALIGHIERI, Pietro, *Comentum super poema Comedie Dantis: A Critical Edition of the Third and Final Draft of Pietro Alighieri's "Commentary on Dante's 'Divine Comedy'",* ed. Massimiliano Chiamenti. Tempe, Arizona, Arizona Center for Medieval and Renaissance Studies, 2002.

ARISTOTELE, *Aristotelis Opera,* edidit Academia Regia Borussica, Berlin 1831-1870: voll. I-II, *Aristoteles Græce* ex recensione Immanueli Bekkeri, 1831; vol. III, *Aristoteles latine interpretibus variis,* collegit Christianus Augustus Brandis, 1831; vol. IV, Scholia in Aristotelem, collegit Christianus Augustus Brandis, 1836; vol. V, *Aristotelis qui ferebantur librorum fragmenta,* collegit Valentinus Rose; Scholiorum in Aristotelem supplementum; Index Aristotelicus, 1870.

BARTOLUS A SAXO FERRATO, *In tres Codicis libros,* Venetiis, 1570.

BIBLIA SACRA LATINAM VULGATAM versionem ad codicum fidem iussu Pii PP. II, cura et studio monachorum Sancti Benedicti commissionis pontificiæ a Pio PP. X institutæ sodalium præside A. Gasquet S.R.E. cardinale edita, Romæ, Typis polyglottis Vaticanis, 1926-.

BONAVENTURA DA BAGNOREGIO, *La Sapienza cristiana. Le collationes in Hexaëmeron,* a cura di Vincenzo Cherubino bigi, Milano, Jaca Book, 1985.

CICERONE, Marco Tullio, *Scripta quæ manserunt omnia, fasc. 2 rhetorici libri duo qui vocantur «de inventione», recognovit E. Strœbel, Stutgardt, Teubner, 1977.*

CORPUS IURIS CIVILIS, I: *Institutiones,* recognovit Paulus Krueger – Digesta, recognovit Theodorus Mommsen, Berolini 1872; *Codex Iustinianus,* recognovit Paulus Krueger, Berolini 1877; *Novellæ,* recognovit Rudolfus Schœll; opus Schœllii morte interceptum absolvit Guilelmus Kroll, Berolini 1895.

DEL MANO, Giasone, *Iasonis Maini Mediolanensis in primam Digesti Novi partem Commentaria,* Venetiis, 1568.

TOMMASO D'AQUINO, *In decem libros Ethicorum Aristotelis ad Nicomachum expositio*, cura et studio Fr. Raymundi Spiazzi OP., Torino, Marietti, 1964.

TOMMASO D'AQUINO, *Summa Theologiæ*, cura et studio P. Caramello, Torino, Marietti, 1948-1962, 4 voll.

ZANCHINI, Lapo e DA CASTIGLIONCHIO, Bernardo *"Epistola al figlio Bernardo" e due "Lettere" di Bernardo al padre*, a cura di Serena Panerai in *"Antica possessione con belli costumi": due giornate di studio su Lapo da Castiglionchio il Vecchio*, Firenze-Pontassieve (3-4 ottobre 2003) a cura di Franek Sznura; con la nuova edizione dell'*Epistola al figlio Bernardo*, Firenze, Aska, 2005, p. 323-449, alle p. 325-431

LETTURA DI *INFERNO* XVI-XVII

La *Comedìa* è un'opera che comunica a vari livelli: sembra traguardare plurimi orizzonti di attesa, come conferma la sua «tenuta» nei secoli. Un'opera che riassume tradizioni culturali e letterarie diverse, la *Bibbia*, gli *auctores regulati*, la letteratura romanza: e non in una direzione enciclopedica o antiquaria, ma in una prospettiva sistematica e insieme sperimentale; un'opera che lascia dietro di sé le angustie del settenario e della rima baciata brunettiani, un'opera scritta in una *gramatica* volgare che fonda la lingua della letteratura italiana, un romanzo in versi in cui il respiro dell'endecasillabo e la tramatura delle terzine piegano la poesia alla narrazione, al dialogo, alla sceneggiatura teatrale, alla descrizione, al ragionamento filosofico, alla riflessione metalinguistica e all'autobiografia[1].

Se questo è vero, allora la proposta della *Societé dantesque* di superare la tradizionale lettura del singolo canto può aprire nuove e interessanti prospettive ermeneutiche. Da parte mia, quando mi è stata proposta la lettura dei canti XVI e XVII dell'*Inferno*, ho pensato di condurla in armonia con l'impostazione di questo ciclo di letture e ho, quindi, ragionato in termini di funzionalità dei canti XVI e XVII dell'*Inferno* all'interno della *Comedia* e del macrotesto dantesco, inteso come il complesso delle opere di Dante. I due canti costituiscono il centro della prima cantica e segnano il passaggio dall'alto e medio Inferno al basso Inferno, in cui l'*agens*, dopo il confronto con le diverse tipologie della frode, giunge alla visione di Lucifero.

Questa mia lettura inizierà da brevi cenni sulla genesi della *Comedia*, proseguirà con alcune considerazioni sul concetto di centro e si concluderà con l'analisi dei due canti.

Prima premessa: la *Commedia* non è un'enciclopedia dello scibile, ma un *epos* in cui la coincidenza del protagonista del racconto e dello

---

1   Roberto Mercuri, *Il metodo intertestuale nella lettura della'Commedia'*, in «Critica del testo» XIV / 1: *Dante, oggi / 1*, 2011, p. 110-151.

scrittore preannuncia il romanzo moderno, le cui caratteristiche dialogiche, plurilinguistiche e polifoniche sono state magistralmente illustrate da Michail Bachtin[2]).

Seconda premessa: l'esperienza dell'esilio segna l'uomo e il poeta. La *Commedia* nasce da un individuo che ha perso completamente gli affetti familiari, gli amici, il *milieu* cittadino e letterario: l'esule, condannato a morte in contumacia, abita lo spazio di una natura selvaggia e feroce. Da questa condizione di solitudine, di spaesamento e di desertificazione dell'anima inizia il poema. La mente del poeta, definita da Contini[3] organica e sperimentale, ha elaborato il dramma esistenziale che ha prima ispirato le opere dell'esilio e poi innescato la scintilla che ha dato origine alla *Comedia*.

Con le opere *post exilium* Dante ha inteso ricostruire un ordine irrimediabilmente perduto. A fronte dell'ingiustizia personalmente patita e delle lotte intestine a Firenze, il poeta, nella canzone *Tre donne*, esalta i valori della giustizia e della pace, come si vede dal congedo:

> Canzone, uccella con le bianche penne;
> canzone, caccia con li neri veltri,
> che fuggir mi convenne,
> ma far mi poterian di pace dono.
> Però noi fan che non san quel che sono:
> camera di perdon savio uom non serra,
> che 'l perdonare è bel vincer di guerra.
> (*Tre donne*, 101-107)

Nel *De vulgari eloquentia*, in cui la metafora venatoria costituisce l'eminente filo simbolico del trattato, a fronte della dispersione della lingua letteraria insidiata dai municipalismi, il poeta si mette in caccia della *panthera / volgare illustre*, nell' *ytala silva* (*DVE* I, xv, 1) dei dialetti:

> *Postquam venati saltus et pascua sumus Ytalie, nec pantheram quam sequimur adinvenimus, ut ipsam reperire possimus, rationabilius investigemus de illa, ut, solerti studio, redolentem ubique et nembi apparentem nostris penitus irretiamur tenticulis. Resumentes igitur venabula nostra [...] nunc potest illud discerni vulgare quod superius venabamur.*
> (*DVE*, I, xvi, 1-2 e 4)

---

2   Michail Bachtin, *Dostoevskij. Poetica e stilistica*, Torino, Einaudi, 1968; Id., *L'opera di Rabelais e la cultura popolare. Riso, Carnzevale e festa nella tradizione medievale e rinascimentale* Torino, Einaudi, 1965.

3   *Un'idea di Dante. Saggi danteschi*, Torino 1970.

«Dopo che abbiamo cacciato per monti boscosi e pascoli d'Italia e non abbiamo trovato la pantera che bracchiamo, per poterla scovare proseguiamo la ricerca con mezzi più razionali, sicché, applicandoci con impegno, possiamo irretire totalmente coi nostri la La creatura che fa sentire il suo profumo ovunque e non si manifesta in nessun luogo. Riprendendo dunque le nostre armi da caccia [...] si può a questo punto individuare quel volgare di cui sopra andavamo in caccia»[4]

Questo apparato metaforico è singolarmente simile a quello che connota l'inizio del viaggio nel primo canto dell' *Inferno*, dove, prima, Dante si trova in una selva e, poi, incontra una lonza che però, a differenza della pantera del *De vulgari eloquentia*, è caratterizzata come maculata, simbolo della *varietas* di contro all'unità rappresentata dal volgare illustre. E nella *Commedia* Dante ha voluto unire il motivo del viaggio dell'uomo con il motivo del viaggio poetico a esprimere l'indissolubilità dell'uomo e del poeta. Così, Dante propone cripticamente l'identificazione fra sé e il volgare illustre, ambedue peregrini in cerca di una reggia; *l'iter* umano di Dante e quello della lingua italiana si identificano in un'ardita analogia metaforica, che prelude all'immaginazione del viaggio che Dante realizzerà nella *Commedia*:

hinc etiam est quod nostrum illustre velut accola peregrinatur et in humilibus hospitatur asilis, cum aula vacemus
(*DVE* I, xviii, 3)

«E ne deriva anche che il nostro volgare illustre se ne va pellegrino come uno straniero e trova ospitalità in umili asili, dato che noi siamo privi di una reggia».

Nel *Convivio*, sulla base del *De amicitia* di Cicerone e del *De consolatione philosophiæ* di Boezio, affronta la ricerca di un'etica che sani la decadenza morale delle istituzioni politiche e civili e che costituisca un punto di riferimento per i singoli individui:

Qui adunque è da reducere a mente quello che di sopra, nel ventiduesimo capitolo di questo trattato, si ragiona de lo appetito che in noi dal nostro principio nasce. Questo appetito mai altro non fa che cacciare e fuggire; e

---

4   L'edizione di riferimento dei testi e delle traduzioni delle opere minori di Dante è quella dell'edizione Ricciardi (Milano-Napoli, 1979): Vita Nuova – Rime, a cura di Domenico De Robertis e Gianfranco Contini (I, I); *De vulgari eloquentia – Monarchia*, a cura di Pier Vincenzo Mengaldo e Bruno Nardi (II, I).

qualunque ora esso caccia quello che e quanto si conviene, l'uomo è ne li termini della sua perfezione. Veramente questo appetito conviene essere cavalcato
da la ragione; ché, sì come uno sciolto cavallo, quanto ch'ello sia di natura
nobile, per sé, sanza lo buono cavalcatore, bene non si conduce, così questo
appetito, che irascibile e concupiscibile si chiama, quanto ch'elio sia nobile,
a la ragione obedire conviene, la quale guida quello con freno e con isproni,
come buono cavaliere. Lo freno usa quando elli caccia, e chiamasi quello
freno temperanza, la quale mostra lo termine infino al quale è da cacciare; lo
sprone usa quando fugge, per lo tornare a lo loco onde fuggire vuole, e questo
sprone si chiama fortezza o vero magnanimitate, la quale vertute mostra lo
loco dove è da fermarsi e da pugnare. E così infrenato mostra Virgilio, lo
maggiore nostro poeta, che fosse Enea, ne la parte de lo Eneida ove questa
etade si figura; la quale parte comprende lo quarto, lo quinto e lo sesto libro
de lo Eneida. E quanto raffrenare fu quello, quando, avendo ricevuto da Dido
tanto di piacere quanto di sotto nel settimo trattato si dicerà e usando con
essa tanto di dilettazione, elli si partio, per seguire onesta e laudabile via e
fruttuosa, come nel quarto de l'Eneida scritto è; quanto spronare fu quello,
quando esso Enea sostenette solo con Sibilla a intrare ne lo Inferno a cercare
l'anima di suo padre Anchise, contra tanti pericoli, come nel sesto della detta
istoria si dimostra!
(*Conv.* IV, XXVI, 5-9)

Infine, con il *De monarchia* e le *Epistole*, segna una linea di riflessione politica
e di intervento oratorio e militante. Caratteristica delle opere dell'esilio è la
metafora venatoria, usata in chiave transuntiva e quindi elevata a sistema
narrativo: una novità rispetto all'*epos* classico e alla produzione poetica
dei siciliani, dei prestilnovisti e degli stilnovisti. La metafora venatoria
è, dunque, una *transumptio*, un filo che percorre l'intera produzione *post
exilium* e che, come ho cercato di dimostrare nel mio *Semantica di Gerione*,
costituisce uno dei principali fili dell'ordito della *Comedia*.

Per quanto attiene al problema del centro, occorre una premessa: i
centri delle tre cantiche sono costituiti da un gruppo di canti, il XVI e
il XVII per l'*Inferno*, il XVI, XVII e XVIII per il *Purgatorio* e il XV, XVI
e XVII per il *Paradiso*. Probabilmente, Dante ha voluto contrassegnare
il centro dell'*Inferno* con due canti poiché il 2 è numero diabolico della
divisione e del conflitto insanabile; mentre i centri di *Purgatorio* e *Paradiso*
sono composti da tre canti, in omaggio alla Trinità. I centri delle tre
cantiche formano le strutture portanti del poema, in quanto collegati
con l'inizio e la conclusione delle tre cantiche e con i momenti nodali
del viaggio.

Farò solo un esempio: la tematica del libero arbitrio e del suo rapporto con Amore è il *focus* del centro del *Purgatorio* e anche dell'intero poema. Ebbene, il centro del poema genera una struttura circolare che mette al centro dei congedi di Dante dalle due guide la problematica del libero arbitrio:

> Non aspettar mio dir più né mio cenno:
> libero, dritto e sano è tuo arbitrio,
> e fallo fora non fare a suo senno:
>   per ch'io te sovra te corono e mitrio.
> (*Purg.* XXVII, 139-142)

> Tu m'hai di servo tratto a libertate
> per tutte quelle vie, per tutt'i modi
> che di ciò fare avei la potestate.
>   La tua magnificenza in me custodi,
> sì che l'anima mia, che fatt'hai sana,
> piacente a te dal corpo si disnodi.
> (*Par.* XXXI, 85-87)

con una significativa proiezione della storia individuale dell'*agens* in quella universale, adombrata nel salmo 113, 1 *In exitu Israel de Ægypto*, citato all'inizio del viaggio in Purgatorio (*Purg.* II 46).

Ma è l'intero macrotesto dantesco a essere racchiuso fra due immagini del cerchio. In uno dei sogni che caratterizzano la *Vita Nuova* – significativamente quello che prelude al distacco da Cavalcanti e al contemporaneo avvicinamento alla poetica guinizzelliana della lode – Amore si rivolge a Dante con queste parole:

> «Segnore de la nobiltade, e perché piangi tu?». E quelli mi dicea queste parole:
> «Ego tanquam centrum circuili, cui simili modo se habent circumferentie
> partes; tu autem non sic».
> (*VN* XII, 4)

All'altezza della *Vita Nuova*, Dante è escluso dal centro del cerchio di Amore. Ma da questo momento inizia un processo che culmina nella conquista del centro nel *Paradiso* da parte di Dante che, insieme con Beatrice, è al centro della corona dei sapienti i quali formano un cerchio («Io vidi più folgór vivi e vincenti/far di noi *centro* e di sé far *corona*» (*Par.* X, 64-65). Ritroviamo l'esito di questa situazione nell'ultimo canto del *Paradiso* dove Dante, inizialmente escluso dal circolo di Amore, ora si muove all'unisono con la rotazione dei tre cerchi della Trinità: finalmente, l'Amore divino orientandone il «disìo e il velle», muove Dante come «rota ch'igualmente è mossa» (*Par.* XXXIII, 143-145) in perfetta sintonia con l'armonia dell'Universo e con quella del poema che si apre e si chiude con l'immagine dinamica dell' «amor divino» che «*mosse* di prima quelle cose belle» (*Inf.* I, 39-40) e che «*move* il sole e l'altre stelle» (*Par.*, XXXIII, 145).

I canti centrali delle tre cantiche si irradiano, regressivamente e progressivamente, nelle opere di Dante e nel suo poema e, quindi, sono centri non statici, ma dinamici: una singolare anticipazione di quella che viene chiamata «architettura dinamica», di cui troviamo esempi a Dubai, dove l'architetto italo-israeliano David Fischer ha realizzato la *Rotating Tower*, una costruzione a più piani girevoli, forniti fra l'altro di pannelli solari che, onde ricevere maggiore energia e ottenere un notevole risparmio energetico, si orientano seguendo il corso del sole che in questo modo si trova sempre al centro, ma in posizioni diverse. Nei canti centrali delle tre cantiche sono espressi le tematiche, i miti, le metafore, i campi semantici fondamentali del poema: in *Inferno*, la problematica metalinguistica (l'intitolazione del poema come *Comedía* e l'appello ai lettori, in cui viene illustrato il rapporto fra scrittore e pubblico dei lettori; in *Purgatorio*, il concetto di libero arbitrio e la sua relazione con l'amore in un trittico di canti in cui Virgilio spiega la distinzione fra l'amore terreno e l'amore-*caritas* (XV), Marco Lombardo, nome emblematico dell'italianità, il quale illustra il concetto di libero arbitrio (XVI) e ancora Virgilio, il quale dimostra la relazione fra libero arbitrio e amore (XVII); in *Paradiso* l'avo di Dante, Cacciaguida – emblema del campo semantico e metaforico della caccia – descrive la decadenza della Firenze contemporanea che ha rinnegato i valori della Firenze «antica» e inserisce in questo quadro la vicenda personale dell'uomo e dello scrittore Dante: al primo preannuncia le enormi difficoltà della sua vita di esiliato, ma anche la nobile ospitalità della famiglia della Scala; al secondo preconizza l'eterna fama del poema a patto che il suo autore non edulcori o taccia mai la verità, impegno già dichiaratamente preso dal poeta nell'appello ai lettori che precede l'incontro con il custode di Malebolge, Gerione, emblema della fraudolenza e quindi antitesi della *Comedia*, poema della verità[5].

Una ricerca, che mi propongo di avviare, è l'individuazione nel poema dei centri definibili «intermedi». E proprio uno di questi centri «intermedi» ci fornisce interessanti indicazioni sul tema che stiamo trattando. Ci troviamo nel cielo del Sole, il quarto cielo che è al centro del sistema dei sette cieli astronomici, a ridosso del passaggio di Dante nel cielo di Marte, che è il centro della terza cantica. Il canto XIV del *Paradiso* inizia con una similitudine:

> *Dal centro al cerchio, e sì dal cerchio al centro*
> movesi l'acqua in un ritondo vaso,
> secondo ch'è percossa fuori o dentro.
>   Ne la mia mente fe' subito caso
> questo ch'io dico, sì come si tacque
> la gloriosa vita di Tommaso,
>   per la *similitudine* che nacque
> del suo parlare e di quel di Beatrice
> (*Par.* XIV, 1-8)

Quando un corpo grave cade in un vaso pieno d'acqua, succede che si formano cerchi che si diffondono dal centro al bordo del vaso. Viceversa, se il vaso viene colpito sul bordo dall'esterno, i cerchi si propagano dalla circonferenza al centro: così è stabilita un'analogia fra Tommaso che parla dal perimetro della corona circolare dei beati e Beatrice che parla dal centro della corona, dove si trova insieme a Dante. Questa similitudine va compresa nel suo triplice aspetto retorico, filosofico e metalinguistico. Dal punto di vista *retorico*, essa stabilisce un'analogia fra due soggetti parlanti, Tommaso e Beatrice. Dal punto di vista *filosofico*, la similitudine evidenzia la concomitanza fra l'affermazione di Tommaso dell'inconoscibilità del pensiero divino e la messa in pratica di questo principio da parte di Beatrice, la quale dimostra la limitatezza dell'intelletto umano, in questo caso di Dante, incapace di esprimere finanche i dubbi che sorgono dal confronto con il mistero divino, al quale non si può accedere con la «chiave di senso» (*Par.* II, 54). Dunque, lo *spazio* della comprensione («poco *seno*» *Inf.* XXVIII, 6) è limitato perché

---

5   Una traccia memoriale significativa è la rima *menzogna:vergogna* (*Par.* XVII, 125-127; *Inf.* XVI, 124-126)) che unisce i due episodi che connotano, da parte prima di Dante e poi di Cacciaguida, la *Comedia* come poema della verità.

l'uomo «solo da sensato apprende» (*Par.* IV, 41). Tanto che il poeta, già da prima (*Inf.* XXVIII, 1-6), aveva riconosciuto la limitatezza dei suoi strumenti linguistici e mentali nel comprendere e descrivere gli orrori dell'esperienza dell'Inferno. Dal punto di vista *metalinguistico* la singolare similitudine illustra il modello-tipo – che informa i dialoghi di Dante e/o delle sue guide con i personaggi che via via si incontrano – riproducibile nella formula E – R – D^1 D^2 – S: il personaggio emette un messaggio (E= enunciazione), la cui ricezione (R) provoca un dubbio (D^1) che viene formulato in forma di domanda (D^2) cui segue la spiegazione (S). Il modello si riallaccia alla concezione dantesca del processo cognitivo che si esprime nel dubbio, il quale fa germogliare la verità e spinge l'uomo a una continua elevazione verso la verità: «Nasce per quello [= il desiderio di conoscere], a guisa di rampollo, / a piè del vero il dubbio; ed è natura / ch'al sommo pinge noi di collo in collo» (*Par.* IV, 130-132).

Una ulteriore serie di elementi avvalora la funzione metalinguistica della parola «similitudine»: in quanto *hapax* del poema, la parola innesca l'attenzione del lettore; il «vaso» evoca una prospettiva meta-linguistica in quanto *l'auctor* si era augurato di essere «vaso» in grado di accogliere l'ispirazione del musagete Apollo (*Par.* I, 13-15); inoltre il vaso è un recipiente circolare, per questo denotato come «rotondo vaso» (*Par.* XIV, 2) e, come *supra* detto, si riallaccia alla figura geometrica della circonferenza che emblematicamente apre e chiude il macrotesto dantesco. Inoltre, l'immagine dell'oggetto pesante che cade nel vaso pieno d'acqua evoca l'improvvisa e fulminante ispirazione che colpisce la mente del poeta dall'alto («subito *caso*» *Par.* XIV, 2, altro *hapax* del poema, in questa accezione).

Il canto XVI[6] è diviso in due parti. Nella prima (vv. 1-90) assistiamo all'incontro con Tegghiaio Aldobrandi, Jacopo Rusticucci e Guido

---

6   Lanfranco Caretti, *Storia e poesia ('Inferno' XVI)* (1955), in *Antichi e moderni. Studi di lette-ratura italiana*, Torino, Einaudi, 1976, p. 31-49; Aldo Vallone, *Il canto XVI dell'"Inferno"* (1959), in *Id., Studi su Dante medievale*, Firenze, Olschki, 1965, p. 179-205; Silvio Pasquazi, *Il canto dei tre fiorentini* (1961), in *Id., All'eterno dal tempo. Studi danteschi*, Firenze, Le Monnier, 1972, p. 163-197; Bruno Nardi, *Novità sul «getto della corda» e su Gerione*, in «Giornale storico della Letteratura italiana», cxl, 1963, p. 212-227 (rist. in *Id., Saggi e note di critica dantesca*, Milano-Napoli, Ricciardi 1966, p. 332-354); Paolo Brezzi, *Il canto XVI dell'Inferno*, in AA.VV., 'Inferno'. *Letture degli anni 1973-1976*, Roma, Bonacci Editore, 1977, p. 401-420; Mario Marti, *Tematica e dimensione verticale del XVI dell'Inferno*

Guerra, tre cittadini della Firenze antica, sulla quale ci intratterrà Cacciaguida (*Par.* XVII), illustrando la differenza fra la Firenze sobria e pacifica di una volta e quella moderna corrotta e dilaniata dalle guerre civili. I tre sono angustiati dalle parole di Guglielmo Borsiere, protagonista di una novella di Boccaccio e uomo di corte famoso, il quale riporta preoccupanti notizie sul degrado etico e politico della città. La seconda parte (vv. 91-136) è incentrata sul «rito di passaggio» in cui viene evocato Gerione, custode di Malebolge, il variegato mondo della frode.

La strutturazione del canto è significativa. Qui occorre sottolineare un principio metodologico che ho sempre praticato nei miei studi, in polemica con certo strutturalismo che anatomizza i testi omettendo, però, di spiegare il senso della dissezione del testo. Le due parti del canto legano indissolubilmente i livelli etico-politico e metalinguistico: infatti, la prima parte è incentrata sull'*agens*, l'esiliato che ragiona con i tre fiorentini sulla decadenza di Firenze; la seconda parte è incentrata sull'*auctor*, che dichiara per la prima volta il titolo della sua opera, «Comedìa[7]»:

> Sempre a quel ver c' ha faccia di menzogna
> de' l'uom chiuder le labbra fin ch'el puote,
> però che sanza colpa fa vergogna;
> ma qui tacer nol posso; e per le note

(1968), in Id., *Studi su Dante*, Galatina, Congedo Editore, 1984, p. 59-80; Ferdinando Salsano, *Brunetto Latini e i tre fiorentini*, in Id., *La coda di Minosse*, Milano 1968, p. 21-75; Franco Ferrucci, *Comedia: l'incontro con Gerione*, in Id., *Il giardino simbolico. Modelli letterari e autobiografia dell'opera*, Roma, Bulzoni, 1980 p. 9-37; Roberto Mercuri, *Semantica di Gerione. Il motivo del viaggio nella 'Commedia' di Dante*, Roma, Bulzoni, 1984; Pietro Gibellini, *Il canto XVI dell'"Inferno"*, in AA.VV, *Miscellanea di studi danteschi in memoria di Silvio Pasquazi*, Napoli, Federico & Ardia, 1993, 1, p. 375-390; Teodolinda Barolini, *The Undivine Comedy: Detheologizing Dante*, Princeton, Princeton University Press, 1992 (Trad. ital. di Roberta Antognini, *La Commedia senza Dio*, Milano, Feltrinelli, 2003); Giancarlo Rati, *Per dolci pomi (il canto XVI dell'"Inferno")*, in Id., *La pietà negata. Letture e contributi danteschi*, Roma, Bulzoni, 2000, p. 21-41; Michelangelo Picone, *Canto XVI*, in *Lectura Dantis Turicensis*, a cura di Georges Güntert e Michelangelo Picone, *Inferno*, Firenze, Cesati, 2000, p. 221-232; Elisa Galli, *La corda e i suoi «groppi». Un'interpretazione di Inf. XVI, 106-117*, in «Medioevo letterario d'Italia», 5, 2008, p. 27-44; Sara Ferrilli, *Parlare e tacere dal Notaro a Dante attraverso i rimanti "menzogna: vergogna"*, in *L'antica fiamma. Incroci di metodi e intertestualità per Roberto Mercuri*, a cura di Antonio Montefusco e Raffaella Zanni, in «Linguistica e letteratura» XL, 1-2, 2015, p. 37-67.

7   È questo il punto di partenza della mia ricerca sul motivo del viaggio nella *Commedia* (*Semantica di Gerione. Il motivo del viaggio nella 'Commedia' di Dante*, cit.)

di questa comedía, lettor, ti giuro,
s'elle non sien di lunga grazia vòte,
   ch'i' vidi per quell' aere grosso e scuro
venir notando una figura in suso,
maravigliosa ad ogne cor sicuro,
   sì come torna colui che va giuso
talora a solver l'àncora ch'aggrappa
o scoglio o altro che nel mare è chiuso,
   che 'n sù si stende e da piè si rattrappa.
(*Inf.* XVI, 124-136)

I tre cittadini fiorentini sono i famosi per integrità e onestà. Rusticucci e il Tegghiaio appartengono addirittura a quel gruppo di cittadini tesi al «ben far», citati con Farinata in *Inf.* VI, 79-81. Farinata tutto è meno che un traditore di Firenze, è colui che la difese opponendosi all'intenzione dei ghibellini di distruzione totale della città. E Dante glielo riconosce (*Inf.* X). I tre Fiorentini pronunciano un «antico verso»: l'epiteto «antico» è un *senhal* che nella *Comedia* indica i valori positivi in antitesi ai disvalori dei tempi moderni. Nel caso specifico, si contrappone ai mercanti, «gente nova» dedita ai «sùbiti guadagni» (*Inf.* XVI, 73): questa immagine apre una curvatura che, progressivamente, lega questo canto al centro del *Paradiso* in cui si contrastano la Firenze «dentro da la cerchia *antica*» (*Par.* XV, 97) e quella contemporanea; e che, regressivamente, richiama gli incontri con Ciacco (*Inf.* VI), Farinata (*Inf.* X) e Brunetto Latini (*Inf.* XV).

La seconda parte è incentrata sul mito della corda, indossata dal poeta a mo' di cintura, che Virgilio ingiunge a Dante di slegare.

   A questa misteriosa corda sono stati attribuiti i più diversi significati. Qui vorrei enunciare un principio metodologico: è sempre insidioso andare a cercare i significati delle allegorie della *Comedia* in modo astratto, vale a dire irrelato al testo. In questo caso, credo che sul τόπος del «passaggio pericoloso», affrontato dall'eroe del romanzo arturiano, Dante abbia innestato la metafora venatoria di Dio-cacciatore che intrappola la preda («*pluet super peccatores laqueos*» *Ps* 10, 7), in questo caso la frode nelle sue diverse tipologie, rappresentata da Gerione. Ma la corda rimanda anche, nel sistema dantesco, alla letteratura, al «legame musaico» di cui si parla nel *Convivio*, a partire dall'analisi della parola «autore»:

È dunque da sapere che 'autoritade' non è altro che 'atto d'autore'. Questo vocabulo, cioè 'autore', sanza quella terza lettera C, può discendere da due principii: l'uno si è d'uno verbo molto lasciato da l'uso in gramatica, che significa tanto quanto 'legare parole', cioè 'auieo'. E chi ben guarda lui, ne la sua prima voce apertamente vedrà che elli stesso lo dimostra, che solo di legame di parole è fatto, cioè di sole cinque vocali, che sono anima e legame d'ogni parole, e composto d'esse per modo volubile, a figurare imagine di legame. 4. Chè, cominciando da l'A, ne l'U quindi si rivolve, e viene diritto per I ne l'E, quindi si rivolve e torna ne l'O; sì che veramente imagina questa figura: A, E, I, O, U, la quale è figura di legame. E in quanto 'autore' viene e discende da questo verbo, si prende solo per li poeti, che con l'arte musaica le loro parole hanno legate: e di questa significazione al presente non s'intende. (*Conv.* IV, VI, 3-4)

In questo contesto, non a caso, Dante nomina il titolo della sua opera, *Comedía*, connotandola come poema della verità: ciò che verrà confermato da Cacciaguida (*Par.* XVII, 124-129). Inoltre, la corda di cui il poeta si libera è la stessa con la quale aveva pensato di «prendere la lonza a la pelle dipinta»: un'allusione alla caccia giovanile, cioè alla sua produzione precedente l'esilio, e al progressivo superamento della poetica lirica stilnovista e cortese, sublimata nel concetto di amore-*caritas*:

> Io avea una corda intorno cinta,
> e con essa pensai alcuna volta
> prender la lonza a la pelle dipinta.
>   Poscia ch'io l'ebbi tutta da me sciolta,
> sì come 'l duca m'avea comandato,
> porsila a lui aggroppata e ravvolta.
>   Ond'ei si volse inver' lo destro lato,
> e alquanto di lunge da la sponda
> la gittò giuso in quell'alto burrato.
> (*Inf.* XVI, 106-114)

Il canto XVII[8] è diviso in tre parti e contrassegnato dalla ricorrenza del numero *tre*: la descrizione di Gerione è contenuta in trentatré versi;

---

8   Bruno Basile, *Mostri delle «storie d'Ercule» nell'Inferno*, in «Letture Classensi», 25 (1996), p. 7-20; Paolo Cherchi, *Geryon's Canto*, in «Lectura Dantis [Virginiana]», II (Spring 1988), p. 31-44; Emilio Pasquini, *Il canto di Gerione*, in «Atti e Memorie dell'Arcadia», IV (1967), 4, serie V, p. 346-368; Giorgio Padoan, *Canto XVII*, in AA.VV., *Lectura Dantis Neapolitana: Inferno*, Napoli, Loffredo, 1982, p. 287-300; Roberto Mercuri, *Semantica di Gerione. Il motivo del viaggio nella "Commedia" di Dante*, cit.; Guglielmo Gorni, *Canto XVII*, in *Lectura Dantis Turicensis*, cit., p. 233-241; Violetta De Angelis, *Brunetto, Gerione e la corda: alcune proposte interpretative*, in *Esperimenti danteschi. Inferno 2008*, a cura di

tre sono i protagonisti della discesa in Malebolge, Virgilio, Dante e Gerione, il custode dell'ottavo cerchio, sulle cui «spallacce» i due poeti sono trasportati nel regno della frode; tre sono i miti classici evocati, Aracne, Fetonte e Icaro; tre gli usurai. La disseminazione del numero *tre* è un vettore narrativo che, attraverso Malebolge, porterà Dante al fondo dell'Inferno, al cospetto della trinità del male, Lucifero. Le similitudini del volo, della navigazione e della caccia, che pervadono il canto, veicolano un forte significato metaforico e narrativo che richiama la scampata morte in mare di Dante e il suo incontro con le tre fiere (*Inf.* I), una terna di attanti-oppositori – che qui sembrano riflettersi nel triplice Gerione – contrastata dalle «tre donne benedette», attanti-aiutanti (*Inf.* II)[9].

Il mostro evocato da Virgilio emerge dall'abisso. Il suo aspetto è triforme, il suo nome è Gerione: «*Ecco* la fiera *c*on la *co*da aguzza / *che* passa i *monti* e rompe i muri e l'armi / E*cco co*lei *che* tutto 'l *mondo* appuzza». L'omofonia («MON*ti*», «MON*do*»), la rima difficile e aspra *aguzza: appuzza*, le allitterazioni ("*ecco co*lei *che*, *c*on la *co*da) e i parallelismi («ecco la fiera… che» / «ecco colei… che») ritmano l'angoscia dell'attesa. La triplice figura mostruosa con faccia «d'uom giusto», zampe di leone e coda di serpente è costruita attraverso la contaminazione di elementi biblici e classici, con probabili suggestioni da parte dell'iconografia romanica e orientale. Ancora oggi è possibile ammirare una splendida raffigurazione di Gerione sul mosaico del pavimento della cattedrale di Otranto.

Il mostro è, insieme, *triforme*, come nella tradizione classica («*forma tricorporis umbræ*» *Aen.* VI, 289; «*tergemini …Geryonae*» *Æmmn.* VIII, 202), e *biforme*, in quanto composto da una parte ferina (leone e serpente) e una umana (il volto) come le locuste descritte nell'*Apocalisse* che avevano «caudas *similes* scorpionum *et* aculei *erant in* caudis *eorum*» (*Apoc* 9, 10).

Gerione è, quindi, una sorta di specchio della duplicità della natura umana, impastata di bene e male. La policromia dei fregi sul suo corpo,

Simone Invernizzi, Genova-Milano, Marietti, 2009, p. 121-138; Luca Fiorentini, *Il silenzio di Gerione (Inf. XVI-XVII)* in «Rivista di storia e letteratura religiosa» LII, 2016 n. 2, p. 213-240.

9   Per il metodo attanziale cfr. Algirdas Julien Greimas, *La struttura degli attanti del racconto. Saggio di indagine generativa*, in Id., *Del senso*, Milano, Bompiani, 1974, trad. it. di Stefano Agosti, p. 261-282 (*Du sens*, Paris, Seuil, 1970).

più affascinante di qualsiasi «drapp*o*» orientale, e i ricami, ancora più preziosi e complessi delle «tele» di Aracne (vv.16-18), rimandano ai *colores rethorici* e all'ordito narrativo, connotato altrove come lavoro di tessitura («ma per che piene son tutte le carte/*ordite* a questa cantica seconda» *Purg.* XXXIII, 139-140). La denominazione agostiniana dei predicatori di false verità come *feræ calami* (*Enarr. in Ps.* 68, 31) mette in relazione le scritture false e fraudolente con la ferinità. Su questa base, Dante costruisce l'antitesi (*Inf.* XVI, 124) fra la *Comedìa*, opera che narra cose che hanno «*faccia* di menzogna» ma sono vere («*ver*»), e il mostro Gerione che ha la faccia apparentemente onesta («*faccia* d'uom giusto») ma in realtà è un frodatore («sozza imagine di *froda*»).

L'incontro con Gerione richiama lo scontro iniziale dell'*agens* con le tre fiere e la profezia del veltro. Molto probabilmente, Dante è stato suggestionato da un passo del *Policraticus* (I, IV, 23. 3-12) in cui Giovanni di Salisbury elenca le bestie feroci la cui cattura è motivo di gloria e cioè lupa, leone, lonza («*pardus*»), le stesse che abbiamo incontrato nel I canto dell'*Inferno*, e inoltre individua nel cane da caccia («veltro») l'antagonista di questi animali riferendo contestualmente la leggenda secondo la quale Ercole, dopo aver vinto Gerione, aveva importato questo tipo di cane. Nella coscienza medioevale Ercole è figura di Cristo e avversario delle forze del male. Nonostante sia solo evocato nella *Comedia* a volte direttamente a volte allusivamente, egli si rivela personaggio fondamentale nel macrotesto dantesco (*Convivio, Epistole, archia, Quaestio de aqua et terra*) e nell'architettura dell'*Inferno* e dell'intero poema, di cui marca i momenti di passaggio: la situazione iniziale di Dante, che deve misurarsi con l'urgenza della scelta, simboleggiata nel mito di Ercole al bivio; il travagliato ingresso nella città di Dite (*Inf.* IX); la discesa in Malebolge, il cui custode è proprio Gerione, suo mitico nemico. Fino all'episodio di Ulisse, il quale oltrepassa le colonne d'Ercole (*Inf.* XXVI).

La posizione di Gerione, che emergendo dall'abisso si ferma sui «passeggiati marmi», cioè sugli argini pietrosi percorsi dai due poeti, è paragonata (vv. 16-24) a quella delle barche («burchi») ferme sulla riva con una parte sulla sabbia e con l'altra in acqua, e a quella di un castoro («bivero») acquattato tra riva e acqua pronto alla caccia: le due immagini richiamano l'iniziale similitudine equorea (*Inf.* I, 22-27) e la metafora venatoria (*Inf.* I, 100-102), disegnando un arco transuntivo che collega l'inizio del viaggio con l'ingresso in Malebolge.

Rispetto all'usuale direzione di marcia a sinistra, Dante e Virgilio devono girare a destra per raggiungere Gerione. In tutto l'*Inferno* questo avviene in due sole occasioni, alla vigilia dell'incontro con gli eretici (*Inf.* IX, 132) e qui, cioè quando Dante deve confrontarsi con l'eresia e con la frode, le due più gravi forme di distorsione della verità: l'eresia è contraffazione della dottrina cristiana mediante il pensiero filosofico, mentre la frode è volta alla falsificazione della verità a fini materiali.

Dopo aver invitato Dante a osservare più da vicino gli usurai, Virgilio si avvicina a Gerione per far sì «che [...] conceda i suoi omeri *forti*» (v. 42) onde trasportarli in Malebolge: l'aggettivo indica l'appartenenza del mostro alla categoria dei *fortes* che nel linguaggio biblico indica le forze diaboliche e allude contemporaneamente al loro asservimento al volere divino.

Nell'indirizzare Dante all'incontro con gli usurai, Virgilio gli raccomanda di essere breve, segno tangibile del disprezzo del poeta latino verso questa categoria di dannati, accovacciati sul sabbione rovente, con le mani in continuo movimento nel tentativo di ripararsi gli occhi dal fuoco e dalla sabbia, privati della loro identità personale e identificati solo con il nome della loro famiglia. Simili a cani infestati da «mosche o da tafani» (v. 51), essi sono in sintonia con i pusillanimi tormentati da «mosconi e da vespe» *Inf.* III, 66), e in profonda antitesi con i tre antichi fiorentini di cui erano stati menzionati gli «onorati nomi» e la buona fama (*Inf.* XVI, 59). Con costoro Dante aveva intrattenuto un fitto dialogo, mentre con gli usurai non parla.

Dante si avvia «tutto solo» verso i dannati senza riconoscerne nessuno («non ne conobbi alcun» v. 54), ma intuendone la casata grazie a una borsa, legata al collo, che reca la loro insegna araldica. Lo sguardo di Dante, che si muove orizzontalmente, ricorda la tecnica cinematografica della carrellata, il movimento della cinepresa che non si sofferma sugli individui, ma scorre: ulteriore segno di negazione dell'individualità degli usurai, a cui si aggiunge, come se non bastasse, il fatto che qui per la prima volta un dannato ne denuncia un altro che non è ancora morto, anticipandone con soddisfazione la sventura; altri dannati, in seguito, lo faranno (Niccolò III, Venedico, Bocca degli Abati, Pier da Medicina), ma è significativo che questo atteggiamento inizi poco prima dell'ingresso in Malebolge, luogo del disamore per il prossimo, componente essenziale della fraudolenza. Solo l'usuraio padovano, che si accompagna a due fiorentini, rivolge la parola a Dante e, nel congedarsi, atteggia il volto a una smorfia che lo fa assomigliare a un bue «che 'l naso lecchi»: l'immagine dipinge in modo fortemente icastico la bestialità del peccato di usura che stravolge l'umanità del personaggio.

Nella terza parte del canto riprende il dialogo fra discepolo e maestro il quale, consapevole della difficile prova che attende Dante lo esorta a essere «forte e ardito» (v. 81): è la forza che viene dal «buono ardire» (*Inf.* II, 131) in contrapposizione a quella diabolica (gli «omeri forti») di Gerione. Virgilio avverte Dante che da questo momento in poi i passaggi cruciali saranno effettuati con mezzi straordinari: infatti quello dall'VIII al IX cerchio avverrà grazie all'aiuto di Anteo, e quello in Purgatorio mediante una perigliosa scalata lungo il corpo di Lucifero. Qui, l'ingresso in Malebolge è possibile affrontando un volo, paragonato a una traversata marina, sulle spalle di Gerione, che muove l'aria con le «branche», come il nuotatore fende l'acqua con le braccia (cfr *Inf.* XVI, 130-136). La paura di Dante, alle prese con la terribile prove dell'esperienza del mondo della frode, è ancora maggiore di quella provata da Icaro e Fetonte (vv. 106-114). Una paura fisica e interiore che si manifesta nel tremare del corpo e nel sentimento di vergogna; la sequenza *paura-vergogna-tremare* (vv. 106, 89, 87) si riscontra nel poema solo in altri due punti nodali di passaggio, altrettanto difficili e emotivamente coinvolgenti per *l'agens*: l'inizio del viaggio (*Inf.* I, 6, 15, 44, 53 *paura* – 81 *vergogna* – 90 *tremare*) l'incontro con la nuova guida Beatrice (*Purg.* XXX,45; XXXI, 13 *paura* – XXX, 78; XXXI, 43 *vergogna* – XXX, 47 *tremare*).

Gli affini *exempla* di Icaro e Fetonte, che precipitano rispettivamente nel mare Egeo e nel fiume Po, sono miti di volo e di naufragio che Dante legge in chiave letteraria e politica. Il mito di Icaro ha un valore metalinguistico, secondo la tradizione scoliastica che lo interpretava come simbolo dell'universalità della poesia di Orazio i cui «carmi sarebbero giunti persino ai confini della terra, anche fra le popolazioni barbare» (Porph. *Scholia in Hor. Carm.*, 2, 2 0, 13 trad. mia). La figura di Fetonte, invece, ha un valore prevalentemente politico: infatti egli è definito da Dante «*falsus auriga*» (*Epist.* XI, 5), simbolo dei cardinali che non guidano la Chiesa secondo i principi dettati da Cristo.

Conclude questo canto la descrizione della discesa nel basso inferno sul dorso di Gerione, il quale è paragonato a un falcone «disdegnoso e fello», riottoso a obbedire al suo falconiere: (vv. 127-133): la similitudine venatoria mette in relazione antitetica Gerione e Dante, viceversa paragonato nel corso del poema a un falcone obbediente (*Purg.* XIX, 64-69) e al più nobile dei falconi, il *falco peregrinus* (*Par.* I, 49-54).

Rientra nell'*imagery* della caccia anche la similitudine della freccia («si dileguò come da corda cocca» v. 136), mutuata da Virgilio (*Æn.* X, 247; XII, 855) e topica del genere epico, che descrive l'immediatezza con cui scompare Gerione, la cui figura segna sia l'inizio del viaggio in Malebolge, sia la conclusione della prima parte del viaggio quando Virgilio, nel congedarsi (*Purg.* XXVII, 20-24), richiamerà proprio questo episodio alla memoria del discepolo e alla nostra:

> Ricorditi, ricorditi! E se io
> sovresso Gerïon ti guidai salvo,
> che farò ora presso più a Dio?
> (*Purg.* XXVII, 22-24)

Per descrivere Gerione alla conclusione della sua fatica di trasportatore, Dante usa come termine di similitudine il falcone:

> Come 'l falcon ch'è stato assai su l'ali,
> che sanza veder logoro o uccello
> fa dire al falconiere «Omè, tu cali!»,
>   discende lasso onde si move isnello,
> per cento rote, e da lunge si pone
> dal suo maestro, disdegnoso e fello;
>   cosi ne puose al fondo Gerione.
> (*Inf.* XVII, 127-133)

La stessa similitudine è usata da Dante per descrivere la propria condizione morale e psicologica dopo il sogno dell'antica strega, che segna la metà del *Purgatorio*.

Il sogno marca l'ingresso in *Purgatorio* (canto IX), qui II parte del *Purgatorio* e anticipa l'ingresso nel Paradiso Terrestre (*Purg.* XXVII) a distanza l'uno dall'altro di *nove* canti

> «Vedesti», disse, «quell'antica strega
> che sola sovr' a noi ornai si piagne;
> vedesti come l'uom da lei si slega.
>   Bastiti, e batti a terra le calcagne;
> li occhi rivolgi al logoro che gira

lo rege etterno con le rote magne».
   Quale 'l falcon, che prima a' piè si mira,
indi si volge al grido e si protende
per lo disio del pasto che là il tira,
      tal mi fec'io [...].
(*Purg.* XIX, 58-67).

I due passi segnano l'antitesi fra Dante e Gerione. Il falcone-Gerione è caratterizzato dal *movimento di discesa*, dalla *disubbidienza* (scende senza vedere il logoro e senza aver preso la preda), dall'*assenza di desiderio* («lasso») e dalla *staticità* (si pone «disdegnoso e fello»); mentre il falcone-Dante è caratterizzato dal *movimento di ascesa*, dall'*obbedienza* (rivolge gli occhi al logoro), dal *desiderio* del pasto che conferisce *dinamicità* («che là il tira»). Inoltre Dante è esortato da Virgilio a essere «forte e ardito», che è una puntuale antitesi della serie epitetica «disdegnoso e fello», Dante ha costruito un modello paradigmatico fondato sulla metafora venatoria, in cui la propria *dramatis persona* è il polo antinomico positivo di Gerione simbolo della frode. Il poeta della Commedia è il poeta della verità e si muove in sintonia col «rege etterno» mentre Gerione è disubbidiente al falconiere.

   Dante molto probabilmente attinge questa bipolarità antitetica dai trattati di scienza naturale, presso i quali trovava una distinzione precisa fra due tipi opposti di falcone, quello vile e quello nobile; il primo, pigro alla caccia, si accontenta della vile preda che l'uccello inseguito lascia cadere per salvarsi, il secondo, sollecito alla caccia, non desiste dall'inseguire la preda; Gerione è il falcone vile che non raggiunge la preda, simbolo della permanenza nel peccato, Dante è il falcone nobile che raggiunge la preda simbolo del superamento del peccato:

> *Falconum genera duo sunt. Unum nobile, quod autem usu parvo naturaliter capit. Aliud ignobile, ac vile, quod, nisi multo labore, et maceratione assuefactum hoc facit. Hoc ultimum genus cum ardeam ad terram impulerit, iamque in promptu est, ut earn capiat. Ardea anguillam, vel alium piscem quem recentius voraverat, evomit et tunc falco vilior libere earn volare permittens, ac munus fœtidum sibi oblatum præferens et gaudens ocius apprehendit. Non sic autem falco nobilis, sed eiectum munus vilipendens, avem dolosam severius punit*
> (Vincenzo di Beauvais, *Speculum naturale*, XVI, LXXI, 1196-1197)

«Due sono i tipi di falcone. Uno nobile che naturalmente con poco allenamento prende la preda. Un altro vile e non nobile che riesce a questo dopo molto esercizio e fatica. Quest'ultimo tipo quando spinge a terra l'airone è pronto a questo punto a prenderlo. L'airone allora vomita l'anguilla o un altro tipo di pesce che poco prima aveva divorato, e allora il falcone vile prende il putrido regalo che gli è stato offerto con piacere, immediatamente lasciando l'airone libero di volare. Non così il falcone nobile che sprezzando il regalo vomitato punisce ancor più severamente l'uccello fraudolento» (trad. mia).

La similitudine ritorna significativamente a connotare l'inizio del viaggio in Paradiso e a descrivere l'acquisizione di quella speciale capacità visiva che contraddistingue la straordinarietà dell'esperienza paradisiaca:

> E sì come secondo raggio suole
> uscir del primo e risalire in suso,
> pur come pelegrin che tornar vuole,
>   così de l'atto suo, per li occhi infuso
> ne l'imagine mia, il mio si fece,
> e fissi li occhi al sole oltre nostr'uso.
> (*Par.* 1, 49-54).

Dante in particolare paragona il suo sguardo al falcone pellegrino che è il più nobile dei falconi «*molt cortois et vaillant et de bone maniere*» (Brunetto Latini, *Li livres dou Tresor*, I, CXLIX, 2).

La *peregrinatio* e la *separatezza* accomunano questo tipo di falcone, che nidifica nei monti più alti, e Dante che è giunto alla più alta soglia dell'universo:

> *Secundum genus falconum peregrinum dicitur: et hoc duabus de causis. Quarum una est, quia semper de terra in terrain peregrinato. Secunda secundum opinionem falconiorum, quod videlicet nescitur nidus eius, quia in altissimis preruptis montium nidos construunt nec adito ad nidum patet, nisi desuper a cacumine montium* (Vincenzo di Beauvais *Speculum naturale* XVI, LXXI, 1196-1197)

> «Il secondo tipo di falcone è chiamato peregrino e per due motivi. Uno perché sempre peregrina di terra in terra. Secondo, giusta l'opinione dei falconieri, perché non si riesce a vederne il nido, perché costruiscono i nidi nei pii alti dirupi dei monti, e non vi si può accedere se non dall' alto della montagna» (trad. mia).

Questa similitudine Dante-falcone e l'antitetica similitudine Gerione-falcone, stabiliscono uno stretto rapporto di relazione con il primo canto dell'*Inferno* non solo perché nel canto proemiale si riscontra una massiccia presenza di elementi del campo metaforico della caccia (la selva, le tre fiere, il veltro), ma anche perché con *Inf.* I il (veltro) e *Par.* I (il falcone), Dante ha ricostruito la squadra ideale per la caccia, sulla base del trattato di Federico II:

> *Cum itaque canis inter cetera bruta habeatur pro velociori succursu, qui possit fieri falconibus super prædam, et cum, quod unum genus canum velocius sit inter cetera genera canum, illi autem sint, et dicantur canes leporarii seu Veltres convenit.*
> Federico II, *De arte venandi cum avibus*, Leipzig 1942, p. 58

> «I cani fra gli altri animali sono si imati per l'aiuto più pronto al falcone alle prese con la preda e proprio un tipo di cani fra le altre razze è convenuto che sia il più veloce, e cioè i cani levrieri o *veltri*» (trad. mia).

La metafora venatoria e il suo uso transuntivo toccano vari aspetti del pensiero e delle azioni degli uomini e finiscono per essere l'espressione di un modello culturale applicabile a vari aspetti della realtà, del pensiero e dei sentimenti:

> *Sic rationalis creatura brutescit, sic imago creatoris quadam morum similitudine deformatur in bestiam, sic a conditionis suæ dignitate degenerat homo [...] Quis enim eo indignior, qui sui ipsius contemnit habere notitiam? [...] Quid eo brutius, qui ex defectu rationis et impulsu libidinis, dimissis propriis, aliena negotia curat, et non modo negotiis, sed et alienis otiis iugiter occupatur? Quid eo bestialius, qui omisso officio, de media nocte surgit, ut sagacitate canum, venatorum industria, studio commilitonum, servulorum fretus obsequio, temporis et famæ iactura, rerum laborisque dispendio, de nocte ad noctem pugnet ad bestias?*
> Giovanni di Salisbury, *Policraticus* I, I, 19. 10-15, 19. 19-26

> «Cosi la creatura razionale si abbrutisce, cosi l'immagine del creatore a causa della somiglianza con il comportamento degli animali si degrada a bestia, cosi l'uomo abdica alla dignità della condizione umana [...] Chi infatti più indegno di colui che non cura di conoscere se stesso? [...] Cosa di più bestiale che per mancanza di ragionevolezza e per amore del piacere, trascurare i propri doveri e darsi a occupazioni disdicevoli non solo ma anche a ozi del pari disdicevoli. Cosa di pili bestiale che, dimenticato ogni dovere, alzarsi nel mezzo della notte per cacciare notte dopo notte giovandosi dell'abilità dei cacciatori, del fiuto dei cani, dell'impegno dei camerati compiacendosi dell'ossequio dei giovani servi con danno di tempo e della reputazione e con dispendio di fatica e denaro?» (trad. mia).

La corda gettata da Virgilio nell'«alto burrato» (*Inf.* XVI, 114) ha dato inizio all'episodio di Gerione e un'altra corda, quella dell'arco, lo conclude: a indicare i due movimenti di Gerione, prima di salita e poi

di discesa, in antitesi alla verticalità del viaggio di Dante il quale si
riscuote dallo smarrimento iniziale per intraprendere il suo cammino
ascensionale che sarà narrato nel poema: in questo senso le «cento rote»
(v. 131) del volo di Gerione, custode del regno della frode, potrebbero
alludere ai cento canti della *Comedìa*, poema della verità. Una sorta di
ironica e criptica *mise en abîme*.

Roberto MERCURI

PHILOLOGIE, GENÈSE
ET POÉTIQUE DU TRADUIRE

Le cas exemplaire d'André Pézard

Pour dresser un premier état des lieux des archives traductologiques de l'Institut Mémoires de l'édition contemporaine (IMEC), nous avons exploré entre autres le fonds d'André Pézard[1]. On espérait y trouver les brouillons de sa traduction de 1959 du poème de Giosuè Carducci *Ça ira* (*cf.* Agostini-Ouafi, 2007a), mais il n'y avait rien à ce sujet dans les boîtes déjà traitées et cataloguées. Il y avait en revanche tous ses écrits et travaux du Collège de France[2] consacrés à la critique et à la traduction des œuvres de Dante, notamment de nombreux documents concernant le volume qu'il a édité et traduit pour la Pléiade en 1965 (Dante, *Œuvres complètes*, 1983). Même sans la traduction du poème de Carducci, le fonds était d'une telle richesse (correspondance, articles, cours et conférences, notes de travail, brouillons de traduction, glossaires, traités de métrique et phonétique…) que nous avons décidé de nous concentrer sur les seuls avant-textes de la traduction de la *Vita Nuova* de Dante.

Dans cette œuvre de jeunesse, écrite autour de 1293, Dante présente ses sonnets, chansons et ballades en les commentant en prose : c'est le premier prosimètre de la littérature italienne, fondamental pour l'histoire de la langue car il canonise la différence, lexicale et morphosyntaxique, entre langage poétique et prose, différence que l'on retrouvera encore

---

1   Ainsi avons-nous tenu deux conférences en 2008, le 19 mars « Les traductions de l'IMEC » et le 25 novembre « Approches traductologiques des fonds de l'IMEC », puis en 2012 organisé un séminaire (*cf.* Agostini-Ouafi, 2015, p. 125-140 ; version remaniée de la conférence de l'IMEC du 13 novembre 2012).

2   Depuis décembre 2012, ce fonds du Collège de France, que nous avons consulté à l'IMEC, a été transféré aux Archives Nationales de Pierrefitte-sur-Seine pour être intégré à d'autres fonds d'A. Pézard. Il est actuellement en cours de reclassement. Nous renvoyons donc aux documents cités en utilisant la cote que l'IMEC leur avait attribuée.

au XIXe siècle chez Leopardi ou Carducci[3]. Ce choix de la *Vita Nuova* est également motivé par les travaux que Pézard lui consacre au cours de sa vie : en 1931, il en publie une édition critique en langue originale (Dante, *La Vita Nuova*, 1942), accompagnée d'une petite introduction et de quelques notes (cette édition sera réimprimée plusieurs fois) ; puis il en propose une première traduction en français, précédée d'une longue introduction qui est en fait un essai de critique littéraire (Dante, *Vita Nova*, 1953) ; enfin en 1965 il retraduit cette œuvre, sous le titre *Vie Nouvelle*, pour l'édition complète de la Pléiade. L'*Avertissement* ouvrant ce volume est une riche introduction traductologique qu'au fil des rééditions (1967, 1975, 1979 et 1983) Pézard complète tout en révisant et corrigeant son travail[4]. La complexité de la vie éditoriale et post-éditoriale des deux traductions de la *Vita Nuova* a son pendant dans le dossier génétique de ce fonds. On y trouve : pour l'édition de 1953, une partie des brouillons manuscrits autographes marqués par plusieurs relectures[5] ; pour l'édition de 1965, tous les brouillons de premier jet des poèmes[6] et ceux de leur mise au net[7], la copie dactylographiée intégrale, qui modifie parfois la mise au net et qui intègre la traduction des parties en prose, avec des traces de corrections manuscrites ou tapées à la machine[8], et pour finir,

---

3   Par exemple la norme Gröber décrivant l'usage de l'article défini masculin singulier sous ses multiples formes, « *lo* » et « *il*/*'l* », ne vaut pas pour la prose où l'on ne trouve que « *lo* », et au mot italien « *uccello* » (oiseau) de la prose correspond toujours en poésie le mot provençal ancien, phonétiquement italianisé, « *augello*/*auzel* », etc.

4   Le cinquième et dernier *Avertissement* du traducteur est celui de 1983, sa mort survenant l'année suivante (Pézard, 1983, XI-XLVIII ; traduction italienne : *Dante e il pittore persiano*, 2014).

5   Fonds Pézard : cote Pzd 10.5, manuscrit Vita Nova 1953 (chap. I-XIX), 27 feuillets ; le manuscrit est rédigé au stylo à plume noir, corrigé au crayon ou au stylo à plume bleu, des biffures sont parfois tracées au stylo à bille noir et des corrections au stylo à plume noir foncé. Ce manuscrit est important, puisqu'il contient le texte en prose et les compositions poétiques, mais incomplet : il s'arrête dans la partie en prose introduisant la chanson XIX *Dames en qui demeure esprit d'amour* (*Donne ch'avete intelletto d'amore*), alors que la version imprimée de 1953 compte 42 chapitres, il n'y couvre que les 36 pages initiales sur 102 (Dante, 1953, p. 69-105).

6   Fonds Pézard : cote Pzd 10.6, Première traduction « Rimes de la Vie Nouvelle » (poèmes, I-XXXVIII), brouillon 1er jet 1965, chaque texte poétique est rédigé dans un ou plusieurs petits feuillets bloc-notes, numérotés souvent par le traducteur et classés, poème par poème, dans du papier colis postal plié en deux.

7   Fonds Pézard : cote Pzd 10.12, Deuxième traduction « Rimes de la Vie Nouvelle », mise au net des poèmes de 1965 faite sur des supports variés, surtout des lettres réutilisées au *verso*.

8   Fonds Pézard : cote Pzd 10.2., copie dactylographiée de la « Vie Nouvelle » de 1965, sur papier vélin, sans date, 68 p.

quoique lacunaires, les dernières épreuves de la *Vie Nouvelle* de mai 1965 avec quelques retouches autographes[9]. La rédaction et les corrections sont faites à l'aide d'outils variés (crayon, stylo à plume, stylo à bille, machine à écrire) jouant sur plusieurs couleurs (surtout le noir et le bleu, du clair au foncé, mais aussi le vert et le rouge).

DANS L'ARCHIVE : LA VIE ET L'ŒUVRE

Pour rédiger (ou ranger) les brouillons de 1965, Pézard utilise aussi les lettres reçues, y compris les enveloppes, ce qui permet souvent de disposer du *terminus a quo*, limite extrême du début de son travail, grâce à un timbre postal ou à la date inscrite dans la missive. Parfois il ajoute sur ces feuillets des informations autographes datant ou commentant ses phases de travail. Un exemple emblématique se trouve sur la mise au net autographe de la chanson *Dame au cœur pie et de tendre saison (Donna pietosa e di novella etate)*, où sur le côté gauche du troisième feuillet, Pézard écrit au stylo à bille bleu « 14 août 1960 » et au-dessous au stylo à bille rouge « recopié à la machine le 11 mars 1961 » (*cf.* fig. 1)[10]. Puisque les deux premiers feuillets de cette mise au net sont écrits dans le verso d'une longue lettre du journal *Le XXᵉ siècle fédéraliste*, datée « Paris, le 17 mai 1960 », nous avons ici la démonstration que le *terminus a quo* de la lettre permet, à quelques mois près, de dater la rédaction des manuscrits même sans la datation explicite du traducteur. Dans le cas de cette chanson, nous avons la date précise de la mise au net, mais aussi celle de sa copie dactylographiée[11]. Le chercheur formaliste pourrait se satisfaire de cette constatation objective, et ne pas se poser d'autres questions, mais le travail en archives est bien plus complexe car l'instance du « je »

---

9   Fonds Pézard : cote Pzd. 13.2, dernières épreuves, 28 mai 1965, de la « Vie Nouvelle », 82 p., même pagination de l'édition Pléiade, mais plusieurs pages font défaut.

10 Fonds Pézard : cote Pzd 10.12, Deuxième traduction « Rimes de la Vie Nouvelle », XX [XXIII], f.°3 *verso*.

11 Quant au premier jet de cette chanson, tous les feuillets du brouillon sont réunis dans du papier plié en deux provenant d'un colis postal marron portant le cachet 12 février 1959. Fonds Pézard : cote Pzd 10.6, Première traduction « Rimes de la Vie Nouvelle », VN, XXIII, C2 [2ᵉ chanson].

énonçant s'y exprime dans toute sa subjectivité. Pourquoi Pézard trace ces dates au cœur de la chanson ? Pourquoi dans celle-ci ? La transcription diplomatique de ce passage, encore très « tourmenté » dans la mise au net, va être révélatrice :

homme apparut ~~sans voix~~ blême ~~enroué~~

~~sans couleur~~ à voix enrouée

~~Ore~~

disant : ~~Or Que fais-tu là ?~~ ~~la chose~~

– Quoi donc ? Ne sais tu pas encore ?

Ta dame ↑est morte,↓ ~~hélas, qui fut~~ si belle ↑
↓ qui était ↑[12]

Si belle fut ta dame, et elle est morte. – 14 août

1 9 6 0

recopié à la

Je relevais mes yeux baignés de larmes   machine le

11 mars 1961

Et je voyais, comme une manne en pluie

tout droit

les anges remontant ~~là haut~~, au ciel ;

Pézard écrit la date du 14 août 1960 lorsqu'il trouve la solution « Si belle fut ta dame, et elle est morte », vers 56 de la chanson où l'on annonce en rêve au *je* poétique (et autobiographique) de Dante la mort de Béatrice : le même stylo à bille bleu marque le vers et la date. Pour interpréter à sa juste valeur ce geste de Pézard, il faut connaître sa biographie et avoir lu l'apparat paratextuel de l'édition de 1965. Certes, l'une des lettres utilisées comme support pour la mise au net de la traduction de la chanson nous informe qu'en mars 1960 le traducteur est hospitalisé depuis plusieurs mois ; il a dû subir des opérations qui l'obligent à une immobilité presque complète[13]. Que s'est-il passé entre la rédaction du brouillon de premier jet et la mise au net ? Pézard lui-même répond indirectement à cette question à la fin de son *Avertissement* (1983, XLV) :

---

12 Avec un trait de stylo continu, assez géométrique et carré, le traducteur indique qu'il faut postposer le groupe verbal après la relative. Cette solution ne le satisfaisant pas, dans la ligne suivante il réécrit totalement le vers.

13 Fonds Pézard : cote Pzd 10.12, Deuxième traduction « Rimes de la Vie Nouvelle », XIX, f.º3 *recto*. Ce feuillet de la chanson *Dames en qui demeure…*, contient une lettre du Consul Général d'Italie à Paris du 26 mars 1960.

> Pourquoi, pour qui j'ai entrepris ce labeur, ou disons mieux : cette folie qu'on
> me proposait, comment à mi-chemin elle tomba et parut brisée le 13 octobre
> 1959, puis fut relevée, pesamment, petitement, à partir du jour des Trépassés
> – cela n'intéresse que moi [...].

Cette remarque fait référence à un accident de voiture où Pézard a été grièvement blessé et sa femme a péri (Renucci, 1975, XII-XIII). C'est donc à elle qu'il adresse un touchant poème d'amour en décasyllabes, *À toi qui fus ma jeunesse et ma vie*, placé en exergue de l'édition Pléiade (Pézard, 1983, IX). Il lui dédie la traduction dont elle a vu « la première coulée » (*ibid.*, v. 20) tout en en triant le « flot de [s]es doigts lisses » (*ibid.*, v. 21) :

> à toi ces visions de feu et d'ombre,
> ces chants d'un mort dont j'ai pris les dépouilles
> – et leur sanglot réveillé me secoue –
> à toi ces vers, songe de quels vieux âges ? (*ibid.*, v. 16-19).

La musicalité de cette « naissante plainte » (v. 22), qu'elle trouvait si belle, à présent « retombe en pleurs dans la vallée [du Ventour] » (v. 24) et « se mêle au chant noir » (v. 26) des cigales. L'hommage funèbre, visant à soigner la blessure de l'absence de l'aimée, verbalise l'élan d'identification du traducteur avec le poète et, comme chez le peintre et écrivain Dante Gabriel Rossetti, le partage douloureux d'un même destin de deuil, à savoir la perte de sa propre Muse : à chacun sa Béatrice, son voyage aux Enfers et sa quête du Paradis.

La vive émotion éprouvée en traduisant le vers qui annonce à Dante la mort de Béatrice pousse Pézard à inscrire spatialement sur la feuille le temps de l'énonciation traductive. Il superpose ainsi sciemment ce temps à celui de l'énoncé original. Il s'agit d'un véritable « chronotope » littéraire, dans lequel « le temps se condense, devient compact, visible pour l'art, tandis que l'espace s'intensifie, s'engouffre dans le mouvement du temps, du sujet, de l'Histoire[14] ». Autrement dit, si l'art a placé l'œuvre de Dante *hors* du temps en la rendant immortelle, le traducteur

---

14 Bakhtine, 1978, p. 237. Le traducteur, en tant que lecteur privilégié de l'œuvre, participe à son renouveau : « Et le monde réel pénètre dans l'œuvre et dans le monde qu'elle représente, tant au moment de sa création, que par la suite, renouvelant continuellement l'œuvre au moyen de la perception créative des auditeurs-lecteurs. Ce processus d'échange est, par lui-même, chronotopique [...]. On pourrait même parler d'un chronotope particulier, *créateur*, au dedans duquel a lieu cet échange entre l'œuvre et la vie [...] » (*ibid.*, p. 394).

la réactualise en lui garantissant, comme l'explique Walter Benjamin (1971), une survie *dans* le temps. En fixant sur le brouillon le *hic et nunc* du « je », le geste pézardien nous fait entrevoir le lien entre réécriture, subjectivité et vécu personnel du traducteur, en nous obligeant à considérer ce que la mort de la femme aimée a signifié dans la vie et dans l'œuvre autant de Dante que de Pézard. Pour le poète et pour le traducteur, la (ré)écriture de la *Vita Nuova* devient un enjeu vital.

Chez Pézard, ce processus de résilience vis-à-vis du traumatisme vécu est d'autant plus chargé de sens et pénible à mener que lui-même a été grièvement blessé lors de l'accident de voiture et que la nouvelle blessure, physique et psychique, réactualise l'ancienne : celle du soldat de la Première Guerre mondiale blessé sur le front de la Somme en 1916. Pour exorciser ce premier traumatisme, il a rédigé un journal de guerre aussitôt publié : *Nous autres à Vauquois* (Pézard, 1918 ; Lejeune, 2017). Les expériences traumatiques susmentionnées se reflètent dans sa recherche inlassable d'une écriture qui tente méthodiquement d'exprimer l'indicible de la guerre ou de traduire le rythme de la langue étrangère, en essayant sans cesse de déplacer les frontières expressives et sémantiques de sa propre langue selon des formules inédites, riches en créativité et jeu linguistique[15]. Pézard définit lui-même les vers de sa traduction de Dante comme « un songe » (1983, IX, v. 21) et se pose aussitôt la question dans « quels vieux âges » (*ibid.*) le classer.

En définissant sa traduction comme un songe lyrique, comme un « chant » situé dans un jadis indéfini, Pézard attribue une dimension onirique et ludique à son activité traduisante qui peut être expliquée, selon la psychiatre et psychanaliste Adelia Lucattini (2020), par le concept freudien d'« attention flottante » : nous avons constaté la présence de cette attitude chez Pézard en étudiant le dossier génétique de sa conférence florentine de 1965 (Pézard, 1966) : l'analyse auto-génétique que le traducteur-philologue propose explique en effet la composante inconsciente, rythmique et émotionnelle de son approche du traduire (Agostini-Ouafi, 2019, p. 15-16).

L'étude de la genèse de la traduction à partir des documents d'archives n'est donc pas une simple analyse formelle, mais une approche à la fois génétique, esthétique et anthropologique du traduire : pour être

---

15   C'est le cas du nom, célèbre en France, de Béatrice que, sous prétexte de suivre Villon, Pézard (1983, XXIX) décide de traduire différemment : Biétris.

pertinente, cette approche pluridisciplinaire doit savoir lier l'étude des avant-textes au vécu biographique et intellectuel du traducteur ainsi que prendre en compte de façon dialectique l'œuvre éditée et les inédits l'ayant engendrée.

.

PHILOLOGIE ET GÉNÉTIQUE DES (RE)ÉCRITURES

Cet accident du 13 octobre 1959 a failli mettre un terme à la traduction de Pézard, « cette folie » qui était déjà « à mi-chemin », et l'on comprend maintenant pourquoi il a consacré à sa réalisation tant d'attention et de labeur, retouchant sans cesse ses *Œuvres complètes* de Dante même après publication. Dans les quatre avertissements qu'au fur et à mesure des rééditions Pézard ajoute à l'*Avertissement* de 1965, il signale les centaines de changements qu'il a dû apporter à la première édition[16]. D'après lui, sa traduction sera un jour presque totalement à refaire à cause des nouvelles conjectures des spécialistes de Dante : « Avant un siècle, de tout ce qui est proposé en ce livre, les neuf dixièmes auront été détruits ou dépassés [...]. Mais nous n'en sommes pas là, nous sommes encore dans le provisoire et l'obscur » (*ibid.*, XXXVII). Il critique certaines variantes de l'œuvre de Dante, privilégiées toutefois par la tradition philologique, car elles se prêtent à des interprétations douteuses, voire absurdes, et il indique entre parenthèses « à double enceinte » (Pézard, 1983, XXXVIII) ses interprétations textuelles les plus audacieuses qui constituent, d'après lui, des « nouveautés incertaines ». Pour cette raison, le traducteur-philologue Pézard ose poser la question qu'il considère comme « préalable » :

---

16   En 1975, dans l'« Avertissement de la troisième édition » (Pézard, 1983, XLVII), il affirme que ses « nouvelles retouches, soit à la traduction, soit surtout aux notes, en vue de cette édition, portent à près de cinq cents le total de [ses] corrections depuis 1965 », et en 1979, dans son « Avertissement de la quatrième édition » (*ibid.*, XLVIII), il constate : « Les retouches à la traduction et aux notes n'y sont pas très nombreuses – une quarantaine – et peuvent bien, en général, passer inaperçues. Mais il y a, parmi toutes, deux ou trois propositions qui me semblent renouveler à fond la lecture des manuscrits et l'interprétation de tel vers ou telle ligne de Dante ». Une confrontation entre l'édition de 1965 et les suivantes pourrait donc mettre en évidence la progression et la nature de ses interventions traductives.

> L'état traditionnel du texte ne montre-t-il pas qu'un très ancien copiste a mal lu ou mal compris la rédaction primitive, manuscrit de Dante (mais tous ses autographes sont perdus) ou transcription digne de foi, mais sans doute difficile à déchiffrer, difficile à suivre ? (*ibid.*, XXXVI)

Dans les années 1990, en choisissant de privilégier les traits linguistiques des copies du XIVe siècle, le philologue Guglielmo Gorni (Dante, *Vita Nova*, 2011) a changé l'édition critique de la *Vita Nuova*[17]. En effet, le texte de référence de la Società Dantesca italiana (SDI), établi par Michele Barbi en 1921 et que Pézard a suivi (*Le Opere di Dante*, 2011)[18], était le fruit d'une reconstruction de la langue de Dante selon les traits caractéristiques de la seconde moitié du XIIIe siècle. La plupart des modifications de Gorni n'ont pas de répercussions sur la traduction car elles ne changent pas le sens des mots : ce sont principalement des « variantes de forme » (graphiques ou phonétiques)[19]. Mais quelques rares remaniements modifient aussi le contenu en constituant des « variantes de substance » : on passe par exemple de l'adverbe « au-dessus » au substantif « sœur » (« *sovra > sora* », VN VIII, v. 8), de la personnification d'Amour ayant fonction de sujet à celle de complément de nom (« *gitta nei cor villani Amore un gelo > gitta nei cor' villan' d'amore un gelo* », VN XIX, v. 33, en traduction littérale : Amour jette du gel dans les cœurs vilains > [la dame] jette dans les cœurs vilains un gel d'amour). Bien avant G. Gorni, le traducteur-philologue Pézard sait qu'on ne doit pas sacraliser le texte source.

De 1953 à 1965, Pézard change aussi sa stratégie traductive pour ne plus sacrifier la musicalité du texte de départ et son rythme organisé, aspects qu'il estime prioritaires même vis-à-vis de la définition

---

17   Entre autres, comme l'avait déjà fait Pézard en 1953 dans sa première traduction de ce prosimètre, Gorni opte lui aussi pour le titre en latin : *Vita Nova* (*cf.* Lanza, 2011, p. 112).

18   Volume réimprimé à Florence d'abord en 1960 puis en 2011. M. Barbi travaille de 1907 à 1932 à l'établissement de la *Vita Nuova*, mais Pézard consulte aussi l'édition de G. Scherillo (1921²).

19   Exemples tirés des premières pages de l'œuvre : transcriptions avec ou sans redoublement phono-syntaxique (« *a lui > a.llui, avvenne > avenne* » : à lui, il arriva), formes contractées ou apocopées (« *de lo > del, in quello punto > in quel punto, questi die > questi dì* » : du, à ce moment-là, ces jours), variantes avec diphtongaison ou fermeture vocalique (« *leggeramente > leggieramente, me parve > mi parve* » : légèrement, il me parut), etc. Pour la distinction entre variantes de forme et variantes de substance, *cf.* Stussi, 2002, p. 83.

que Dante donne de la traduction dans le *Banquet* (1983, I VII 14-15, p. 293) : « Et à ce propos, sache tout venant que nulle chose harmoniée par liens musiques ne se peut tresmuer de sa parlure en une autre sans rompre toute sa douceur et harmonie » (*cf.* Agostini-Ouafi, 2014, p. 15-16). Pour rester fidèle à Dante, il renonce à satisfaire le désir supposé du lecteur français d'une œuvre facile à lire. La prose ne subira pas de changements importants, en revanche les poèmes en seront parfois bouleversés. Si on compare d'abord un passage en prose et ses traductions de 1953 et 1965, on constate d'emblée le peu de retouches traductives :

Texte source : *Le Opere di Dante, Vita Nuova*, IX, 4-8, 2011 (prose)[20]

Elli [Amore] mi parea disbigottito, e guardava la terra, salvo che talora li suoi occhi mi parea che si volgessero ad un fiume bello e corrente e chiarissimo, lo quale sen gia lungo questo cammino là ov'io era. A me parve che Amore mi chiamasse, e dicessemi queste parole : « Io vegno da quella donna la quale è stata tua lunga difesa, e so che lo suo rivenire non sarà a gran tempi ; e però quello cuore che io ti facea avere a lei, io l'ho meco, e portolo a donna la quale sarà tua difensione, come questa era ». E nominollami per nome, sì che io la conobbi bene. [...] E dette queste parole, disparve questa mia imaginazione tutta subitamente per la grandissima parte che mi parve che Amore mi desse di sé ; e, quasi cambiato ne la vista mia, cavalcai quel giorno pensoso molto e accompagnato da molti sospiri. Appresso lo giorno cominciai di ciò questo sonetto, lo quale comincia : Cavalcando.

Texte cible : Dante, 1953, *Vita Nova*, IX, p. 83[21]

Il [Amour] me <u>semblait consterné</u> et regardait la terre, sauf que parfois ses yeux me semblaient se tourner vers une rivière, <u>belle, courante et bien</u> claire, qui s'en allait le long de ce chemin où j'étais. Il me parut qu'Amour m'appelait et me disait ces <u>mots</u> : « Je viens de chez cette dame qui a été <u>longtemps ta</u> défense, et je sais que son retour <u>n'aura pas lieu de</u> sitôt ; <u>aussi</u> ce cœur que je t'avais dit de lui donner, je l'ai repris et je le porte à une dame qui sera ta défense comme était celle-ci ». Et il la nomma par son nom, de sorte que je

---

20 Les éléments soulignés sont modifiés par G. Gorni (Dante, *Vita Nova*, 2011, p. 846) : « *disbigottito* > *sbigottito, che io* > *ch'io, a lei* > *a.llei, ho* > *ò, ne la* > *nella, accompagnato* > *acompagnato, appresso* > *apresso* », mais il s'agit de variantes de forme ; le syntagme « *a gran tempi* » (pendant longtemps) est omis sans donner d'explications en note. L'avant-dernière phrase, dont nous avons mis en gras le début et la fin « *E dette... sospiri* », fera l'objet d'une analyse approfondie.

21 Dorénavant on indiquera ainsi l'édition Nagel (Dante, *Vita Nova*, 1953), suivie de la page citée. En gras, les mots ouvrant et fermant l'avant-dernière phrase. Nous soulignons les mots ou syntagmes qui seront modifiés en 1965.

sus bien qui c'était. [...] **Ayant** ainsi parlé, la vision disparut tout d'un coup, si grande fut la part de son être qu'Amour sembla me communiquer*[22] ; et changeant presque de visage, je chevauchai tout le jour très pensif au milieu de nombreux soupirs. À une journée de là je commençai à ce propos le sonnet qui a pour début : *Chevauchant...*

Texte cible : Dante, 1983, *Vie Nouvelle*, IX, p. 18-19[23]

Il [Amour] me paraissait en peine et émoi et regardait la terre, sauf que parfois ses yeux me semblaient se tourner vers une rivière belle et courante et moult claire, qui s'en allait le long de ce chemin où j'étais. Il me parut qu'Amour m'appelait et me disait ces paroles : « Je viens de chez cette dame qui a été ta longue défense, et je sais que son retour ne sera pas de si tôt. Adonc ce cœur que je te faisais montrer comme sien, je l'ai repris et je le porte à une dame qui sera ta défense comme était celle-ci ». Et il la nomma par son nom, de sorte que je la connus bien. [...] **Ayant** dit ces paroles, la vision disparut tout d'un coup pour le très haut parti qu'il me sembla qu'Amour me faisait de soi ; et comme changeant de visage, je chevauchai tout le jour moult pensif et accompagné de maints soupirs. Le jour d'après je commençai de tout cela un sonnet qui commence : *Chevauchant...*

En 1965 Pézard introduit dans la prose de 1953 des éléments archaïsants (bien > moult, aussi > Adonc), mais il ne fait pas une retraduction totale : il n'apporte que des retouches ponctuelles. L'avant-dernière phrase en prose, en revanche, est sans cesse réélaborée, du manuscrit de 1953 aux épreuves de 1965, d'où notre analyse approfondie de ce passage. L'étude du premier manuscrit offre un aperçu de la genèse de cette prose (les mots ou les syntagmes concernés par les variantes de traduction sont ici soulignés, sauf « *la vision > ma vision* ») :

Texte cible : Dante, 1953, *Vita Nova*, p. 83

Ayant ainsi parlé, la vision disparut tout d'un coup, si grande fut la part de son être qu'Amour sembla me communiquer* ; et changeant presque de visage, je chevauchai tout le jour très pensif au milieu de nombreux soupirs.

---

22 Note placée en fin de volume (indiquée dans le corps du texte par un astérisque) : « Amour perd son apparence humaine ; il n'est plus une force matérialisée et comme étrangère au poète : il redevient un pur sentiment, une pensée profonde » (*ibid.*, p. 188).
23 Dorénavant on indiquera ainsi l'édition Gallimard de 1965 (Dante, 1983), suivie de la page citée.

Brouillon *Vita Nova* 1953[24]

~~à tel point~~ si grande fut la part de son être qu'   changeant presque de
~~tant~~ /Amour ~~me~~ sembla ~~passer en moi~~ et /~~le~~ visage
                              me communiquer
                                   tout
~~presque changé~~ je chevauchai /ce jour~~-là~~

Avant d'étudier la traduction de cet extrait en prose dans la copie dactylographiée et les épreuves aboutissant au texte de 1965, il faut considérer le sonnet que cette prose présente. Le sens du texte en prose doit concorder avec celui du sonnet correspondant : le traducteur est censé proposer, comme chez Dante, un tissu textuel prose-poésie où tout se tient. Dans le passage de 1953 à 1965, les changements du sonnet sont nombreux et importants, dus à la priorité du rythme (sans le souci de la rime, d'emblée écartée). Absentes dans la Pléiade, les compositions poétiques en langue originale sont en revanche proposées avant la traduction dans l'édition de 1953 :

Dante, *Vita Nuova*, IX, *Cavalcando...*, 1953, p. 83-84 (sonnet)[25]

Cavalcando l'altr'ier per un cammino,	*(camino)*
pensoso de l'andar che mi sgradia,	*(dell')*
trovai Amore in mezzo de la via	*(della)*
in abito leggier di peregrino.	
Ne la sembianza mi parea meschino,	*(nella)*
come avesse perduto segnoria ; *(signoria)*	
e sospirando pensoso venia,	
per non veder la gente, a capo chino.	
Quando mi vide, mi chiamò per nome,	*()*
e disse : « Io vegno di lontana parte,	
ov'era lo tuo cor per mio volere ;	*(,)*

---

24 Fonds Pézard : cote Pzd 10.5, manuscrit Vita Nova 1953, f° 10. Les ajouts interlinéaires sont écrits avec le même stylo à plume noir de la rédaction de 1er jet, sauf le syntagme « changeant presque de » qui est marqué au stylo à plume bleu sur le bord droit de la feuille. Le processus devrait donc être le suivant : « 1. tant Amour me sembla passer en moi et le visage presque changé je chevauchai ce jour-là > 2. à tel point Amour me sembla passer en moi et le visage presque changé je chevauchai tout ce jour > 3. si grande fut la part de son être qu'Amour sembla me communiquer et le visage presque changé je chevauchai tout ce jour > 4. si grande fut la part de son être qu'Amour sembla me communiquer et changeant presque de visage je chevauchai tout ce jour ».

25 Dans l'édition de Gorni (Dante, *Vita Nova*, 2011, p. 848), le texte original enregistre des variantes de forme, indiquées ici à droite entre parenthèses.

e recolo a servir novo piacere ».
Allora presi di lui sì gran parte,
ch'elli disparve, e non m'accorsi come.

On peut visualiser ci-dessous, dans la version de 1965 (Dante, 1983), les nombreux changements apportés à l'édition de 1953 : seules les parties que nous avons soulignées ont survécu à la refonte sans changer de position, celles en revanche que nous avons juste soulignées ont été gardées, mais déplacées. Ces modifications sont si conséquentes que la version de 1965 ne peut pas être considérée comme une variante. C'est une véritable retraduction, dont la nature est plus compacte au plan typographique à cause du format Pléiade, mais surtout à cause de la versification qui produit des vers réguliers, ayant tous la même longueur syllabique :

Texte cible : Dante, *Vita Nova*, 1953, p. 84

Chevauchant l'autre jour par un chemin,
tout chagrin du voyage qui me déplaisait,
je trouvai Amour au milieu de la route,
en habit léger de pèlerin.

Son air me semblait malheureux,
comme s'il eût perdu sa seigneurie ;
et soupirant tout pensif, il allait
la tête basse pour ne voir personne.

Quand il me vit, il m'appela par mon nom
et dit : « Je viens d'un lieu éloigné
où était ton cœur par ma volonté ;
et je le mène servir une nouvelle beauté. »
Alors je reçus en moi une si grande part de lui
qu'il disparut, je ne pus voir comment.

Texte cible : Dante, *Vie Nouvelle*, IX, 1983, p. 19

<u>Chevauchant l'autre jour par un chemin,</u>
enfâché de l'aller <u>qui me</u> pesait,
bientôt <u>trouvai-je Amour</u> par mi la voie
<u>en</u> pauvre et vil <u>habit de pèlerin.</u>
En son semblant, il me parut défait
comme s'il eût perdu sa seigneurie ;
<u>et</u> en son deuil pour les gens ne point voir,
<u>soupirant,</u> s'en venait <u>la tête basse.</u>

> Quand il me vit, par mon nom m'appela
> et dit : « Je viens d'un terre lointaine
> où demeurait ton cœur par mon vouloir ;
> et l'emmène servir beauté nouvelle. »
> En lui trouvai-je alors si haut parti
> qu'il disparut, ne sais par quelles voies.

Pour la version de 1953, comme avant pour sa prose, on peut suivre dans le manuscrit la naissance des deux derniers vers. Ce sont ceux qui étaient commentés dans le passage en prose de la *Vita Nuova* déjà analysé et qui vont poser un problème de traduction à Pézard jusqu'aux épreuves de 1965. Le traitement réservé, dans le brouillon de traduction de 1953, à l'avant-dernier vers « *Allora presi di lui sì gran parte* » > « Alors je reçus en moi une si grande part de lui », attire notre attention :

Brouillon Vita Nova 1953[26]

<pre>
                   2   1 je reçus
Alors ‖ une si grande part̶i̶e̶ de lui ‖ e̶n̶t̶r̶a̶ en moi ‖
                         je ne pus
    qu'il disparut, e̶t̶ ̶s̶a̶n̶s̶ ̶m̶e̶ ̶l̶a̶i̶s̶s̶e̶r̶ voir comment
</pre>

Dans ce brouillon, l'avant-dernier vers passe de « partie » à « part » et de « entra » à « je reçus », en gardant (avec l'inversion syntagmatique) le même rythme. Comment arrive-t-on alors au vers décasyllabique de la Pléiade de 1965 « En lui trouvai-je alors si haut parti » ? Une réponse se trouve dans les brouillons de premier jet et de mise au net de 1965 :

Brouillon de premier jet 1965[27]

<pre>
je | pris | alors | de lui | si grande p̶a̶r̶t̶ | pièce
4   3   2   5   1
    qu'il disparut, et comme ↑ne m'avisai↓
</pre>

Brouillon de mise au net 1965[28]

> Si grand parti alors pris je de lui
> qu'il disparut, et ne m'avisai comme

---

26 Fonds Pézard : cote Pzd 10.5, manuscrit Vita Nova 1953, fᵒ 11.

27 Fonds Pézard : cote Pzd 10.6, Première traduction « Rimes de la Vie Nouvelle », 1965, IX, fᵒ 1 *verso*. Chiffres écrits par Pézard. Le mot « comme » est déplacé à la fin du vers, après « avisai », avec un trait tracé au stylo.

28 Fonds Pézard : cote Pzd 10.12, Deuxième traduction « Rimes de la Vie Nouvelle », 1965, IX, fᵒ 1 *verso*. Pas de tiret dans « puis je ».

Dans le premier brouillon, Pézard biffe le mot « part », le remplace aussitôt par « pièce » qu'il biffe aussi sans rien proposer à la place. Mais il prévoit de changer l'ordre des mots, pour donner du relief au syntagme où le mot « part > pièce » pose problème. Il n'y a pas de trace, dans ce brouillon rédigé après le 6 juin 1959, d'une note philologique concernant ce point (alors que deux autres notes sont signalées plus haut renvoyant aux éditions de Barbi, *Vita Nuova*, et de Maggini, *Rime*)[29].

Dans la mise au net, qui survient après le 1er juillet 1960, apparaît le mot « parti ». C'est cette solution qui déclenchera, plus tard, la mise en relation de ce vers avec le vers du sonnet XLVI des *Rimes* : « *così n'àve [d'amore] omo parte* », traduction littérale : ainsi en a [d'amour] homme part (Dante, 1965, p. 121)[30]. Mais le choix de « parti » n'est pas encore mûr, car dans la copie dactylographiée Pézard revient au mot « part » qui était déjà dans le brouillon de 1er jet de 1965 et dans l'édition, prose et poésie, de 1953. Ce n'est que dans les épreuves que l'on trouve la version « définitive », avec « parti » en prose et en vers :

> Copie dactylographiée Vie Nouvelle, IX, 1965, p. 10 prose, p. 11 vers[31]
>
> [...] la vision disparut tout d'un coup, tant grande fut la part de son être qu'Amour qu'Amour [sic] sembla mettre en moi ; et changeant presque de visage, [...].
>
> *Si grande part alors pris-je de lui*
> *qu'il disparut, et ne m'avisai comme.*
>
> Dernières épreuves Vie Nouvelle, IX, 1965, p. 19 prose et vers[32]
>
> [...] la vision disparut tout d'un coup, <u>pour le très haut parti qu'il me sembla qu'Amour me faisait de soi</u> ; et <u>comme</u> changeant de visage, [...].
>
> *<u>En lui trouvai-je alors si haut parti</u>*
> *<u>Qu'il disparut, ne sais pas par quelles voies</u>*

---

29 Pour le sonnet *Piangete, amanti, poi che piange Amore* (*Pleurez, amants, puisqu'Amour même pleure*, VN VIII), placé dans le chapitre précédent celui dont il est ici question (VN IX), nous disposons de *terminus a quo* précis : le 1er juillet 1959 (cachet de la poste sur le papier colis marron) en ce qui concerne le premier brouillon de 1965, et le 6 juin 1960 (date de la lettre réutilisée au *verso*) pour la mise au net.

30 Sonnet *Amor mi fa sì fedelmente amare/Amour me fait si féalment aimer* que Dante da Maiano adresse à Dante Alighieri.

31 Fonds Pézard : cote Pzd 10.2., Copie dactylographiée « Vie Nouvelle ».

32 Fonds Pézard : cote Pzd. 13.2., Épreuves 1965. C'est nous qui soulignons.

Sans doute Pézard a dû traduire entre temps le sonnet XLVI des *Rimes* pour l'édition Pléiade de 1965, d'où la connexion sémantique intertextuelle *Vie Nouvelle-Rimes* motivant le double choix du syntagme « haut parti », et l'insertion d'une note philologique placée entre parenthèses « à double enceinte » car, comme l'affirme Pézard lui-même dans l'*Avertissement* (1983, XXXVIII), il propose dans ces cas de figure une exégèse audacieuse des vers en question : « ((12. SI HAUT PARTI [v. 12 et 13] : termes du langage féodal et courtois, à rapprocher de RR XLVI 13. Voir mes *Gloses et corrections...* – A.P.)) » (Dante, 1983, p. 19, n. 3)[33]. En traduisant les œuvres complètes de Dante, Pézard peut établir les phénomènes dialogiques qui les relient, et traiter la question des concordances selon l'approche structuraliste des philologues italiens[34].

Comme l'attestent des documents du fonds Pézard du Collège de France et son compte rendu (Pézard, 1962) de l'ouvrage édité et annoté par Gianfranco Contini *Poeti del Duecento*, une étroite et amicale collaboration le lie au philologue et critique littéraire transalpin (*cf.* Agostini-Ouafi, 2017). Dans ce compte rendu, qui est postérieur à la copie dactylographiée de la traduction de la *Vie Nouvelle* et des *Rimes* pour Gallimard, Pézard avoue son admiration pour la méthode philologique systémique de Contini, découverte en 1946 (*ibid.*, p. 100). Il loue sa prudence herméneutique aussi, et apprécie pardessus tout la rigueur de sa critique textuelle, qui précède toujours la phase interprétative (*ibid.*, 101). Selon Pézard, en partant des manuscrits et guidé par un souci pédagogique, Contini ne craint pas de désavouer parfois la tradition herméneutique. À ses yeux, il constitue un remarquable modèle à suivre : il a le courage de renouveler l'approche philologique, d'exiger que le lecteur – tel un *lector in fabula ante litteram* – s'implique dans l'interprétation du texte et il ose désacraliser en savant la tradition textuelle. Celle-ci, d'après Pézard, est défendue par des « pédants » que leurs « ouailles » suivent passivement (*ibid.*, p. 102).

Contini et Pézard partagent la même conception et pratique de l'herméneutique philologique : au cœur de ce renouveau critique se situent les concordances de l'œuvre complète de Dante (Contini, 1979, p. 427-428 ; Pézard, 1983, XI-XII, XXXIX), conçues comme un système inter et intra-textuel où tout se tient (Kertesz-Vial, 2014 ; Gibellini, 2014). Mais ces deux philologues inscrivent déjà, en 1965, cette conception structuraliste

---

33 *Cf.* à ce propos Pézard, 1967-1979.
34 Sur la critique des variantes en Italie, *cf.* Segre, 1995, p. 30.

de l'œuvre dans une dynamique temporelle diachronique : ils insèrent ainsi le processus génératif des textes et l'intertextualité interne et externe à l'œuvre dans une conception critique rigoureuse qui est de fait post-structuraliste (Agostini-Ouafi, 2017). C'est pourquoi, dans la critique de la génétique de la traduction, Pézard est en France un véritable pionnier (Pézard, 1966 ; Agostini-Ouafi, 2019, 2020), autant novateur qu'incompris, critiqué par certains intellectuels et traductologues français.

Le chercheur qui entre dans son laboratoire créatif est confronté à une constante réécriture, où l'on passe d'une langue peu connotée et standard, visant le contenu le plus direct, à une langue où prime le rythme souvent décasyllabique (6 + 4 ou 4 + 6, que l'on trouve aussi dans l'hendécasyllabe italien canonique) et où le lexique renvoie à un tissu conceptuel intertextuel. Ce caractère dialogique, interne à l'œuvre italienne et latine de Dante dont Pézard est en France l'interprète unique, s'inscrit dans le genre métrique et rhétorique de la tradition littéraire et dans la communauté de pratique du *Dolce stil novo* (*Doux style nouveau*) : c'est le cas ici de la *tenzone* (le tenson), échange de sonnets entre Dante Alighieri et Dante da Maiano, où le syntagme « haut parti » renvoie au langage féodal et courtois. Or, c'est le changement de l'appareil paratextuel des notes accompagnant la traduction qui induit ce nouveau choix traductologique (ou vice versa, c'est le choix qui modifie l'appareil) : la note littéraire de 1953 est remplacée dans l'édition de 1965 par une note philologique qui intervient assez tard dans le processus. Il faudrait consulter les brouillons des notes[35] pour essayer de déterminer les modalités de cette genèse. Le philologue spécialiste de l'œuvre complète de Dante guide les choix du traducteur : l'appareil des notes motive en amont les choix traductifs, mais il les justifie aussi en aval. La clé de lecture de la traduction de Pézard repose alors, en partie, dans les notes.

On peut ne pas aimer le Dante de Pézard, mais interpréter ses choix selon une logique ponctuelle et asystémique ou bien nier l'existence chez lui d'une poétique du traduire serait une erreur : le principe de la musicalité qui régit sa démarche est non seulement archaïsant car intertextuel, mais aussi onirique et ludique :

> La recherche incessante d'une sémantique du rythme coulée dans une poétique
> intertextuelle du vague et du lointain, philologiquement respectueuse de la

---

35 Fonds Pézard : cote Pzd 10.4, Notes Vie Nouvelle.

langue-culture et de la poétique du texte source, constitue pour Pézard un vrai défi qui touche non seulement l'opération interlinguistique de la traduction, mais la nature même du langage (Agostini-Ouafi, 2007[b]). Il voudrait mettre en condition son lecteur français, les ouvrages savants mis de côté et les yeux fermés, d'« arriver à la traduction sans paroles françaises, presque sans paroles italiennes ; écrite en "cette langue qui est une en tous" (*Par.* XIV 88) et ne se parle qu'"avec tout le cœur" ; la langue de la mémoire, des prières muettes et de la contemplation » ([1983,] XLV). La visée dynamique, obstinée et méticuleuse, de ses réécritures est alors plus que la recherche d'une sémantique du rythme, elle est une tentative utopique et donc inachevable de faire entendre dans sa traduction poétique de Dante le rythme de la sémantique de la langue universelle (Agostini-Ouafi, 2018, p. 118).

Tout texte littéraire, et celui de Dante par excellence, est pour lui un texte ouvert : l'acte du traduire ne peut être qu'un processus, par définition jamais achevé. Son ouvrage savant « *La rotta gonna* ». *Gloses et corrections...* (1967-1979), fruit de cette traduction, est alors à considérer comme une contribution fondamentale à la naissance, dès les années 1960, d'une philologie post-structuraliste française.

Son approche a été pourtant fortement critiquée à partir des années 1980, et son choix de l'archaïsme traductif a soulevé des polémiques (Agostini-Ouafi, 2015), même chez un traductologue comme Antoine Berman (1999, p. 112, 138), qui prônait la polytraduction, à savoir l'usage d'une langue reine, tutélaire, tierce, permettant de transgresser la langue de départ et d'arrivée : l'ancien français n'avait pas assez d'atouts aux yeux de ce dernier pour revendiquer ce statut privilégié. La langue de Dante était pourtant riche, plurilingue, novatrice. Une voix remarquable, qui s'est levée pour défendre une telle démarche traduisante en 1990, est celle de Roger Dragonetti (2006) : d'après lui Pézard « retrouve dans le fond médiéval de la langue maternelle les possibilités d'expression qui permettent au poète de forger une langue nouvelle » (*ibid.*, p. 283). Une langue nouvelle, en effet, pour exorciser et exprimer l'indicible de la douleur et du deuil, exactement comme avait dû le faire le poète florentin dont le philologue-traducteur a « pris les dépouilles », secoué et tragiquement ému par le « sanglot réveillé » de ses chants.

Viviana AGOSTINI-OUAFI

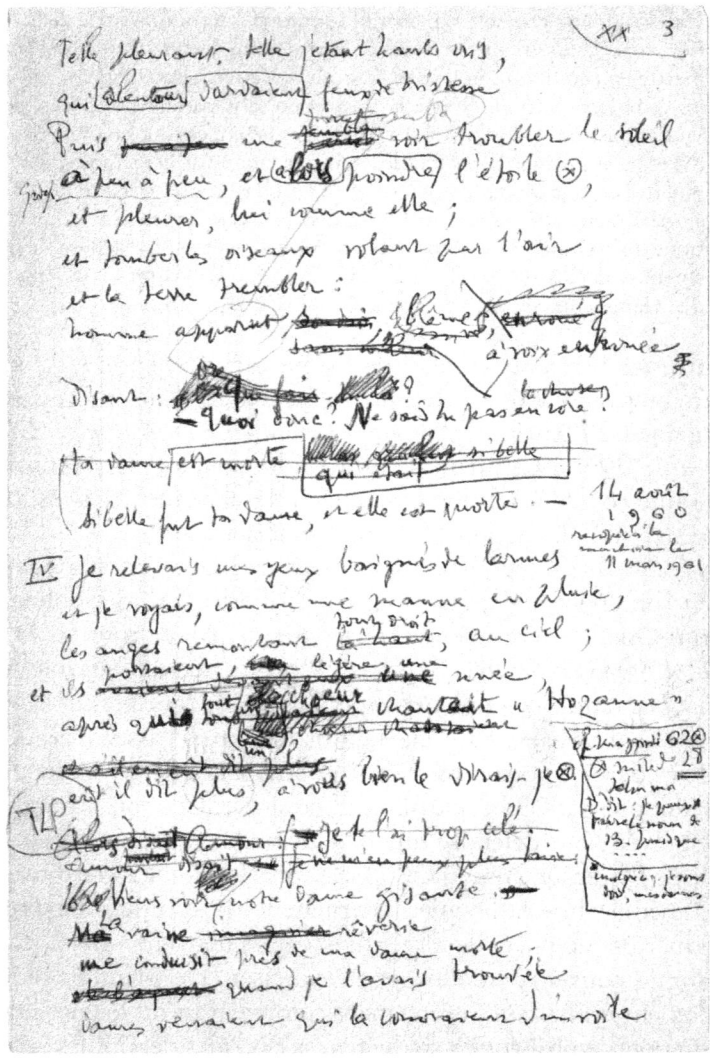

FIG. 1 – Brouillon autographe de mise au net : *Dame au cœur pie et de tendre saison*
(*Donna pietosa e di novella etate*), « Rimes de la Vie Nouvelle », XX [XXIII],
f° 3 verso. © Fonds privé André Pézard (691AP/45 Archives nationales
de Pierrefitte-sur-Seine). (Reproduction de la page manuscrite
avec l'aimable autorisation des ayants droit Daniel Roche et Sylvie Pézard).

RÉFÉRENCES BIBLIOGRAPHIQUES

AGOSTINI-OUAFI, Viviana, 2007a, « Langue et idéologie chez Giosuè Carducci : un défis lancé aux traducteurs », *Transalpina*, n° 10, p. 83-112.

AGOSTINI-OUAFI, Viviana, 2007b, « Théorie et critique de la traduction : la question complexe du *bi-texte* littéraire », in *La critique littéraire du XXᵉ siècle en France et en Italie*, Stefano Lazzarin et Mariella Colin (éd.), Caen, Presses Universitaires de Caen, p. 23-38.

AGOSTINI-OUAFI, Viviana, 2014, « Introduzione », in André Pézard, *Dante e il pittore persiano. Note sul tradurre*, traduction et notes Viviana Agostini-Ouafi (éd.), Modène, Mucchi Editore, p. 7-25.

AGOSTINI-OUAFI, Viviana, 2015, « André Pézard traducteur de Dante ou le choix inactuel de l'archaïsme », *Transalpina*, n° 18, Viviana Agostini-Ouafi & Antonio Lavieri (dir.), *Poétiques des archives. Genèse des traductions et communautés de pratique*, p. 125-140.

AGOSTINI-OUAFI, Viviana, 2017, « Il sodalizio franco-italiano di André Pézard e Gianfranco Contini : l'ermeneutica filologica come traduzione », *Arzanà. Cahiers de littérature médiévale italienne*, p. 96-103, en ligne : http://arzana. revues.org/1068.

AGOSTINI-OUAFI, Viviana, 2018, « Philologie et génétique des formes mouvantes du sens en traduction. Typologies et exemples : Proust, Saba, Dante… », *Des mots aux actes*, n° 7, Florence Lautel-Ribstein & Carmen Pineira Tresmontant (dir.), *Sémantique(s), sémiotiques et traduction*, p. 99-122.

AGOSTINI-OUAFI, Viviana, 2019, « Critique génétique et doute herméneutique. Réflexions de Pézard, traducteur de Dante », in *Au miroir de la traduction. Avant-texte, intratexte, paratexte*, Esa Hartmann & Patrick Hersant (dir.), Paris, Éditions des archives contemporaines, p. 11-22.

AGOSTINI-OUAFI, Viviana, 2020 (sous presse), « Genèse et exégèse par André Pézard de sa traduction de Dante », in *Archéologie(s) de la traduction*, Geneviève Henrot Sostero (dir.), Paris, Classiques Garnier, p. 147-161.

BAKHTINE, Mikhaïl, [1975] 1978, *Esthétique et théorie du roman*, trad. Daria Olivier, Paris, Gallimard.

BENJAMIN, Walter, 1971, « La tâche du traducteur », in *Mythe et violence*, trad. Maurice de Gandillac, Paris, Denoël, p. 261-275.

BERMAN, Antoine, [1985] 1999, *La Traduction et la lettre ou l'Auberge du lointain*, Paris, Éditions du Seuil.

CONTINI, Gianfranco, « Filologia ed esegesi dantesca », [1965] 1979, in id., *Varianti e altra linguistica. Una raccolta di saggi (1928-1968)*, Turin, Einaudi.

DANTE, [1921-1960²] *Le Opere di Dante. Testo critico della Società Dantesca Italiana*, Florence, Le Lettere, 2011³.

DANTE, Alighieri, [1931] 1942, *La Vita Nuova*, introduction et notes par A. Pézard, Paris, Librairie Hatier.

DANTE, Alighieri, 1953, *Vita Nova*, traduction nouvelle par André Pézard avec introduction, notes et appendices, Paris, Nagel « Collection UNESCO d'œuvres représentatives ».

DANTE, [1965] 1983, *Œuvres complètes. Traduction et commentaires par André Pézard*, Paris, Gallimard « Bibliothèque de la Pléiade ».

DANTE, Alighieri, 2011, *Vita Nova*, Guglielmo Gorni (éd.), in *Opere*, M. Santagata (éd.), vol. 1, Milano, Mondadori « I Meridiani ».

DRAGONETTI, Roger, [1990] 2006, *Dante. La langue et le poème : recueil d'études*, Christopher Lucken (éd.), Paris, Belin.

GIBELLINI, Pietro, 2014, « Critica genetica e variantistica continiana : esperienze di lavoro (Parini, Belli, Manzoni, d'Annunzio) », *Ermeneutica letteraria. Rivista internazionale*, n° X, p. 115-125.

KERTESZ-VIAL, Elisabeth, 2014, « L'hommage français de d'Arco Silvio Avalle à Gianfranco Contini, 1966-1973 ; de la philologie à la numérisation », *Ermeneutica letteraria*, n° X, p. 105-114.

LANZA, Antonio, 2011, « Il *Dante* di Guglielmo Gorni », in *Leggere Dante oggi. Interpretare, commentare, tradurre alle soglie del settecentesimo anniversario*, Éva Vígh (dir.), Rome, Aracne, p. 111-120.

LEJEUNE, Philippe, 2017, « Brouillons de guerre. Pour une étude génétique de *Nous autres à Vauquois* », in *André Pézard, autobiographe, italianiste, romaniste et médiéviste (1893-1984)*, Michèle Gally & Elsa Marguin-Hamon (dir.), Paris, Classiques Garnier, p. 31-50.

LUCATTINI, Adelia, 2020 (à paraître), « Traduire l'inconscient. Pézard et Dante », in *Présences du traducteur*, Véronique Duché & Françoise Wuilmart (dir.), Paris, Classiques Garnier.

PÉZARD, André, 1918, *Nous autres à Vauquois*, Paris, La Renaissance du Livre.

PÉZARD, André, 1962, « Compte rendu : *Poeti del Duecento*, a cura di Gianfranco Contini (*La letteratura italiana, storia e testi*, vol. 2 ; Milan-Naples, Riccardo Ricciardi ed. 1960 ; deux tomes) », *Romania*, a. 91, n° 3, p. 412-419.

PÉZARD, André, [1965] 1983, *Avertissement*, in Dante, *Œuvres complètes. Traduction et commentaires par André Pézard*, Paris, Gallimard, XI-XLVIII.

PÉZARD, André, 1966, « Presentazione della propria traduzione delle opere di Dante », *Atti del congresso internazionale di studi danteschi, 20-27 aprile 1965*, Società Dantesca Italiana & Associazione Internazionale per gli Studi di Lingua e Letteratura Italiana (dir.), Florence, Sansoni, t. II, p. 81-94.

PÉZARD, André, 1967-1979, « *La rotta gonna* ». *Gloses et corrections aux textes mineurs de Dante*, Florence-Paris, Sansoni Antiquariato-Libraire Marcel Didier, 3 vol.

PÉZARD, André, 2014, *Dante e il pittore persiano. Note sul tradurre*, traduction et notes Viviana Agostini-Ouafi (éd.), postfazione Jean-Yves Masson, Modène, Mucchi Editore « Strumenti – Nuova serie ».

RENUCCI, Paul, 1975, « Préface », in Pézard, *Dans le sillage de Dante*, Paris, Société d'Études Italiennes, IX-XV.

SEGRE, Cesare, 1995, « Critique des variantes et critique génétique », *Genesis. Revue internationale de critique génétique*, n° 7, p. 29-45.

STUSSI, Alfredo, 2002, *Breve avviamento alla filologia italiana*, Bologne, Il Mulino.

LA DIDATTICA DELLA *COMMEDIA* DANTESCA NELLE SCUOLE SECONDARIE DI PRIMO GRADO

La lettura e lo studio della *Commedia* dantesca sono uno dei cardini della didattica della scuola secondaria di primo e secondo grado italiana, rappresentando, proprio durante la scuola media, uno degli approcci iniziali per lo studente allo studio della *magna opera* della nostra letteratura nazionale: per tale motivo sarebbe interessante – e particolarmente stimolante per chi ha compiuto studi italianistici – riuscire a presentare un quadro generale di come e con quali strumenti esso avvenga, e come sia messa in atto la didattica dell'opera di Dante nel primo grado di istruzione scolastica superiore.

Non è intenzione di questo studio cadere in una banale retorica, secondo la quale l'importanza della letteratura, e per esteso della sua didattica, sia compresa soltanto da chi l'abbia studiata con dedizione. Lo scopo è, anzi, quello opposto: proprio coloro che per scelta abbiano deciso di affrontare studi di questo tipo dovrebbero essere consapevoli del ruolo di primaria importanza che essi esercitano, o che un giorno potranno esercitare, insegnando una disciplina come la letteratura italiana – e l'opera che ne ha consacrato uno dei «padri» – senza chiudersi in uno specialismo selettivo che tagli fuori coloro che non fanno parte dell'*élite* ma, anzi, con la volontà di diffondere proprio a loro quel sapere che, anche all'interno della realtà scolastica italiana, dovrebbe essere apprezzato in primo luogo in quanto «piacere» e non in quanto «dovere».

Certo è che anche dietro la buona volontà e la passione di molti insegnanti vigono dei limiti pratici e burocratici non indifferenti: essendo le intenzioni di chi insegna difficilmente misurabili, il nostro studio si propone di offrire almeno un contributo in merito ad alcune questioni pratiche.

L'attenzione di queste pagine porrà quindi in luce alcuni aspetti riguardanti la didattica della letteratura italiana, con primaria attenzione, ovviamente, alla questione della *Commedia* dantesca e alla sua trattazione, a livello scolastico, mediante l'analisi dei libri di testo e dei dati che un numeroso gruppo di insegnanti coinvolti ci ha permesso di ottenere, nello specifico cercando di mettere in luce gli eventuali problemi, quando presenti, di cui la didattica dantesca sembra soffrire soprattutto nella scuola secondaria di primo grado.

La didattica della letteratura è, senza ombra di dubbio, uno dei grandi pilastri della scuola superiore italiana, impartita sostanzialmente secondo il modello storicista che concepisce la storia letteraria come una linea diacronica, un susseguirsi cronologico di autori e vicende nazionali, la cui didattica era preferita alla lettura diretta dei testi letterari, il *know that* rispetto al *know how*.

«La periodizzazione letteraria dipende da quella culturale e la periodizzazione culturale dipende da quella storica[1]», e questo perché la storia letteraria era stata eletta a strumento privilegiato per la formazione dell'identità e della lingua nazionale per l'educazione della giovane e futura classe dirigente: questa tipologia di insegnamento sopperiva, evidentemente, a una concreta necessità storica, ovvero quella di fondare l'istanza dell'unità nazionale e trovare un modello compiuto e unico di lingua italiana[2].

Nella scuola secondaria di primo grado italiana, a partire di solito dal secondo anno di studio, la letteratura è sì materia d'insegnamento ma, diversamente da quanto accade nel grado di istruzione successivo, l'approccio dei preadolescenti al testo letterario non avviene tanto secondo un'impostazione storicista quanto, come sostiene Cortelazzo, in base a quattro approcci differenti: «contenutistico», «spiritualista», «estetico» e «puristico[3]».

---

1   Angelo Marchese, *La storicità del fatto letterario in prospettiva semiologica*, in *Insegnare la lingua: educazione letteraria*, a cura di Adriano Colombo, Carla Somadossi, Edizioni scolastiche Bruno Mondadori, Milano, 1985, p. 55.

2   Il modello desanctisiano entrerà in crisi attorno agli anni Settanta, in seguito all'affermazione della società e della scuola di massa, che erodono le basi risorgimentali dell'acculturazione nazionale, su cui si reggeva l'intero impianto.

3   Michele Cortelazzo, *Quattro tesi sull'inserimento del testo letterario nel curriculum scolastico*, in *L'educazione linguistica nella scuola media*, a cura di Lorenzo Coveri, Anna Giacolone Ramat, Nuova Guaraldi, Firenze, 1979, p. 42-44.

L'approccio «contenutistico» è quello maggiormente diffuso: il testo letterario è considerato un mero documento, una testimonianza diretta di un dato problema da affrontare in classe; questa tipologia di approccio rischia, però, a detta del linguista, di fraintendere la funzione primaria del testo letterario: in tal modo il canto V dell'*Inferno* può divenire un semplice resoconto di una tragica storia d'amore o la ricetta gaddiana del risotto può essere presa davvero per una ricetta culinaria.

Secondo l'approccio «spiritualista», invece, il testo letterario è interpretato esclusivamente come luogo di nobili ideali, testimonianza di comportamenti esemplari e ammirabili del passato, conforme alla concezione della storia quale *magistra vitæ*[4].

L'approccio «estetico», quello fortemente sostenuto dai programmi ministeriali, si fonda sulle capacità di apprezzare la poeticità di un determinato testo rispetto ad un altro in maniera del tutto intuitiva e irrazionale.

Infine, l'approccio «puristico» è accusato di fornire all'allievo esclusivamente *exempla* decontestualizzati[5], modelli del bello scrivere da seguire in una didattica basata sull'imitazione[6].

Per quanto concerne l'analisi condotta da Cortelazzo, quindi, nessuno dei sopracitati approcci alla letterarietà può essere ritenuto utile allo sviluppo delle competenze linguistiche dell'allievo e a quello di una sua adeguata educazione letteraria: ponendo l'attenzione sulla costruzione del messaggio a discapito della "funzione comunicativa" dello stesso, lo studio della letteratura dovrebbe esser rinviato «a gradini piuttosto elevati del *curriculum* scolastico[7]». Meno drastico, il pensiero di Carlo Ossola: partendo dal presupposto che con l'ingresso del manuale letterario nella didattica si è persa la possibilità di guardare al testo letterario

---

4   Si pensi, ad esempio, ai brani tratti dal *Diario* di Anna Frank o alle *Lettere* di Gramsci, i quali sono fatti rientrare nella sfera etico-sentimentale di alcuni testi antologici.

5   Edoardo Lugarini, *Insegnare letteratura nella scuola dell'obbligo*, Firenze, La Nuova Italia, 1985, p. 1.

6   Michele Cortelazzo, *Quattro tesi sull'inserimento del testo letterario nel curriculum scolastico*, cit., p. 42-44.

7   Come scrive il Mordenti, il curriculum è un «insieme, spesso intricato e non chiaramente esplicitato di contenuti di insegnamento, di metodi didattici, di rapporti tra insegnanti e tra insegnanti e alunni, di organizzazione istituzionale, di orario giornaliero e annuale, di sistemi di valutazione interni ed esterni, di rapporti con sbocchi accademici e professionali», in Raul Mordenti, *Didattica della letteratura italiana*, Roma, Euroma, 1997, p. 74.

come ad uno spazio di sperimentazione linguistica, egli sostiene che sia opportuno, in didattica della letteratura, inquadrare il testo letterario come un oggetto linguistico da «smontare, decodificare, collocare[8]»: ciò consentirebbe allo studente «di cogliere [...] le variazioni morfologiche e semantiche che fanno così diverso "pietanza" in Dante e nei ricettari di cucina, "donna" nello Stilnovo o in "Effe"[9]».

L'antologia, come si è dedotto, si è eretta a strumento didattico più comunemente utilizzato oggigiorno per l'insegnamento dell'italiano nella secondaria di primo grado[10]: *summa* di più disparati documenti tramite i quali, al docente e all'alunno, è permesso di entrare in contatto con vari linguaggi settoriali della lingua nazionale[11].

È evidente che, dopo un'attenta e minuziosa revisione tematico-linguistica, un qualunque brano, letterario o meno, possa essere inserito in una qualunque sezione di un'antologia: frequenti a tal proposito sono i tagli e le mutilazioni al testo che, se da un lato ne facilitano l'adattamento a qualsiasi area tematica dell'antologia dall'altro ne rendono sterile e standardizzato il suo significato originario[12].

«La lettura di alcuni testi del patrimonio letterario italiano e dialettale, opportunamente selezionati in ragione dell'età e della maturità dei ragazzi», come scrive Romano, «deve indurre alla discussione, a ipotesi interpretative, al confronto dei punti di vista. Si attingerà alle opere della nostra più alta tradizione letteraria, come ad esempio alcuni

---

8   Carlo Ossola, *Testo poetico e storia letteraria*, in *Didattica dell'italiano*, a cura di Mario Ricciardi, Edizioni Stampatori, Torino, 1976, p. 113.

9   Enzo Palmisciano, *La didattica della letteratura come educazione democratica dei sentimenti*, in *Che cosa fare della letteratura? La trasmissione del sapere letterario nella scuola*, a cura di Dorotea Medici, Milano, Franco Angeli, 2011, p. 114.

10 Roberta Romano, *L'educazione letteraria nella scuola secondaria di primo grado: riforme scolastiche e antologie a confronto*, Pisa, Università di Pisa, 2015, p. 101.

11 Oramai l'antologia è lontana da quell'impostazione puramente umanistico-letteraria che la contrassegnava dalla sua nascita, che si fa risalire alla *Crestomazia italiana* di Leopardi, da lui stesso definita «un saggio e uno specchio della letteratura italiana»; sulla questione, si veda Marina Zancan, *Didattica dell'italiano*, Roma, Bulzoni, 1975, p. 58.

12 Tra le più comuni aree tematiche vi sono quella «naturalistica» e quella «psicologico-sentimentale», i temi relativi alla città, al mondo del lavoro e allo sport. Il testo letterario è così isolato dal suo contesto originario e usato come pretesto per un discorso tematico. Efficace è l'esempio che Ossola riporta a proposito di Pirandello, i cui brani si ritrovano inseriti in sei antologie da lui analizzate, complessivamente in diciassette sezioni, tra cui, ad esempio, «Nel regno vegetale», «Nel mondo dei piccoli», «Nel regno animale». Carlo Ossola, *Brano a brano: l'antologia d'italiano nella scuola media inferiore*, Bologna, il Mulino, 1978, p. 253.

versi tratti da Dante, per costruire una solida base culturale[13]». Questo tipo di lettura rappresenta, alla luce delle considerazioni precedenti, un'evidente contraddizione in termini; proporre agli alunni da un lato «testi selezionati in base al grado di maturità» e dall'altro «attingere ad opere della più alta tradizione letteraria», come ad esempio Dante e la *Commedia*, rappresenta un approccio rischioso: i testi danteschi non sono certamente documenti semplici per ragazzi la cui età oscilla tra gli undici e i quattordici anni, e un approccio efficace può avvenire solo gradualmente e solo con una sorta di «apprendistato linguistico-letterario che sia in grado di fornire a tutti validi strumenti di comprensione e di fruizione personale[14]».

Per comprendere il ruolo effettivo che gioca il libro di testo nella didattica dantesca della scuola secondaria di primo grado si è proceduto all'analisi di diverse antologie letterarie, concentrando l'analisi sui capitoli riguardanti Dante e la sua opera.

Partendo dal presupposto che chi scrive una storia letteraria non compia un'operazione imparziale ed oggettiva, dobbiamo tenere ben presente che, quindi, qualsiasi profilo storico della letteratura sia il frutto di un bilancio complessivo che tiene conto delle conclusioni a cui sono giunti gli autori e, soprattutto, la critica precedente. Il progetto di scrivere una storia della letteratura, quindi, comporta problemi non solo di carattere teorico ma anche metodologico: l'impianto dell'opera sarà, dunque, diverso a seconda della personalità e dell'orientamento della ricerca dell'autore.

La nostra analisi, alla luce di ciò, si è mossa su diversi livelli: abbiamo analizzato in quale contesto storico-letterario il libro di testo offra la lezione su Dante e sulla *Commedia*, quali e quanti canti siano proposti allo studente e, conseguentemente, quale sia la Cantica di maggior riferimento, gli strumenti che il testo fornisca agli studenti per le analisi testuali; ci siamo focalizzati infine sulla presenza o meno dell'apparato critico – cappelli introduttivi[15], note a piè di

---

13 R. Romano, *L'educazione letteraria nella scuola secondaria di primo grado*, cit., p. 117.

14 *«Le solite vecchie storie di sposi in riva al lago?» Una proposta per l'insegnamento della letteratura italiana nella scuola secondaria di primo grado: I promessi sposi di Alessandro Manzoni*, a cura di Silvia Grindatto, p. 4, in www.provincia.torino.gov.it.

15 Il cappello, in genere, orienta lo studente circa il punto del viaggio di Dante, i personaggi da lui incontrati nel canto e le eventuali pene che essi subiscono, riassumendo ciò che sta per succedere mescolandolo a giudizi e\o osservazioni (che spesso sfociano

pagina[16], riassunti[17] – dei brani presenti e sugli esercizi proposti al termine degli stessi[18].

Centrando l'analisi sul capitolo o i capitoli dedicati a Dante e alla *Commedia* presenti nelle antologie, abbiamo selezionato quattro voci-guida («Inquadramento storico», «Schede di lavoro», «Strumenti critici» e «Glossario[19]») che ci sono servite per l'analisi dell'impostazione metodologica e strutturale della parte dantesca delle antologie-campione[20] del nostro lavoro.

Seguendo la voce «Inquadramento storico» abbiamo appurato quante antologie preservino l'annosa impostazione prettamente storicistica e se essa *funzioni* ancora all'interno del moderno discorso letterario: tutti i libri di testo analizzati presentano, infatti, una scansione temporale degli argomenti, con eventuali approfondimenti dei fenomeni culturali del secolo trattato, in questo caso il Trecento: le analisi delle strutture politiche e sociali, delle istituzioni culturali, della lingua e dei generi letterari si rivelano per gli studenti strumenti sempre preziosi per lo studio

---

in divagazioni). Mirko Tavoni, *Sui commenti alla Commedia: qualche sondaggio* in *Dante nelle scuole, atti del convegno di Siena*, a cura di Natascia Tonelli e Alessio Milani, Franco Cesati editore, Firenze, 2007, p. 16. Inoltre, come rileva Ossola: «Anche i cappelli che precedono i brani […] presentano caratteristiche assai contrastanti: si passa da brevi accenni di tipo storico-biografico, sull'autore e sull'opera, a parafrasi, nelle quali è ulteriormente ribadito il ruolo privilegiato del "contenuto" in rapporto agli aspetti linguistici», in C. Ossola, *Brano a brano: l'antologia d'italiano nella scuola media inferiore*, cit. p. 193.

16 Secondo Tavoni, le note dovrebbero assolvere le seguenti funzioni: dare la spiegazione letterale, la cosiddetta «parafrasi», chiarire forme linguistiche difficili, commentare qualche figura retorica e dare infarinature di informazioni biografiche, storiche, politiche, simboliche. Cfr. M. Tavoni, *Sui commenti alla Commedia*, cit., p. 16.

17 Spesso assenti, i luoghi di sintesi relativi al macrotesto dantesco non dovrebbero mai mancare ma spesso la loro funzione è assorbita dai cappelli introduttivi. Ivi, p. 17.

18 Punto di partenza dell'indagine è stato, quindi, la schedatura di diverse antologie, tramite le quali si è potuto ricavare l'indice delle frequenze dei canti riportati e i loro apparati critici: i testi esaminati non hanno alcuna rappresentatività statistica – rispetto alle numerosissime disponibili sul mercato – ma sono semplicemente alcuni tra quelli adottati negli istituti comprensivi e scuole secondarie di primo grado di Bologna, in particolare quelli con cui hanno più familiarità gli insegnanti coinvolti in base ai risultati di una nostra ricerca sul campo.

19 Daniela Checchinato, *La pratica didattica del testo letterario*, in *Cuadernos de Filología Italiana n.7*, Roma, Università di Roma III, 2000, p. 30.

20 Va precisato che il termine «campione», usato sopra, è nel nostro caso piuttosto improprio, poiché le antologie esaminate non sono state scelte in base a criteri statistici elaborati in precedenza, ma semplicemente utilizzando le possibilità di contatto che avevamo, per lo più ragioni di lavoro, con varie scuole secondarie di primo grado.

della letteratura, e risultano particolarmente efficaci per comprendere la genesi, l'impostazione e la narrazione della *Commedia*[21].

Per quanto concerne la voce-guida «Schede di lavoro», abbiamo analizzato quali e quante antologie propongano agli studenti esercizi di verifica, riflessione e composizione in grado di aiutare alla corretta comprensione del testo. Tra le antologie prese in esame, solo il 30% di esse presentano esercizi che superano la classica concezione contenutistica e si aprono ad analisi e riflessioni linguistiche di più ampio respiro.

La voce «Strumenti critici» ci è servita per verificare se nelle antologie odierne vi sia la presenza o meno di proposte didattiche differenti, che possono variare dalla citazione del pensiero di uno o più critici, al confronto di brevi estratti e/o di tematiche culturali dislocate su spazi temporali differenti – tutto indispensabile per una corretta e proficua lettura critica della *Commedia* anche in una secondaria di primo grado. Purtroppo, tra le antologie esaminate, pochissime dimostrano un'apertura contenutistica simile, preferendo concentrare la loro attenzione sulla pagina letteraria proposta senza ulteriori approfondimenti critici: l'80% delle antologie analizzate, per esempio, non riporta neanche informazioni sull'edizione della *Commedia* da cui sono estrapolati i versi; le note al testo, spesso, sono utilizzate come semplice veicolo di parafrasi invece che di analisi linguistico-testuale.

Infine, per «Glossario» si intende la raccolta di una serie di voci tecniche (metriche, stilistiche, linguistiche) utilizzate nel testo e opportunamente spiegate al discente. Tali termini, il cui significato può essere arricchito da eventuali cenni storici, sono riuniti in un'appendice o in un volumetto integrato all'opera la cui presenza, in genere a conclusione dell'opera stessa, si giustifica in un progetto didattico che miri a favorire un'acquisizione consapevole della lingua, grazie alla quale poter comprendere ed interpretare meglio i complessi meccanismi che governano i testi letterari. La quasi totalità delle antologie esaminate presenta un glossario a conclusione dell'opera.

---

21 «Se la leggo sono indotto da un lato a mettermi nei panni del pubblico medievale per cui è stata scritta, e dall'altro a chiedermi quali significati essa assuma per il lettore moderno. La distanza tra il destinatario originale e il destinatario attuale favorisce così la propensione a collocare se stessi e i testi in un rapporto di prospettiva storica.» Guido Armellini, *Come e perché insegnare letteratura. Strategie e tattiche per la scuola secondaria*, Bologna, Zanichelli, 1992, p. 64.

Al termine di questa prima analisi, le conclusioni da noi tratte su come Dante e la *Commedia* vengano presentati nelle antologie letterarie vertono su due piani:

- frequenza e distribuzione dell'autore e dei canti (attraverso cui si rilevano anche e soprattutto le assenze)
- modalità di presentazione dei brani (cappelli, schede di approfondimento e esercizi)[22].

Riguardo al primo punto, tutte le antologie rispondono ad un'impostazione molto simile: l'autorità letteraria di Dante è tale che egli è largamente trattato in ogni volume del nostro campione, e i canti presentati, generalmente, sono i medesimi e tratti per lo più dall'*Inferno*, con l'eccezione di qualcuno antologia che propone più estratti anche delle altre due cantiche.

Riguardo al secondo punto, ciò che appare già ad una prima lettura delle antologie letterarie moderne, a nostro avviso, è un progressivo impoverimento dei contenuti: la tendenza a semplificare l'apprendimento degli allievi ha prodotto, almeno a partire da quelle stampate dagli anni Settanta, una «superfetazione di sussidi[23]» ossia scalette, anticipazioni, domande di orientamento che hanno appesantito i libri di scuola con un paratesto spesso di dubbia utilità, dal momento che esso non funziona se non elaborato da chi deve insegnare e, soprattutto, da chi deve apprendere[24].

I volumi antologici presi in esame sono stati una quindicina[25] ma verranno qui trattati quei quattro volumi (*Leggere i classici*[26], *Amico*

---

22 R. Romano, *L'educazione letteraria nella scuola secondaria di primo grado*, cit., p. 143-144.

23 Rosa Casapullo, *A proposito dei libri di testo. Qualche appunto e alcune suggestioni*, in *A scuola d'italiano a 150 anni dall'Unità*, a cura di Ugo Cardinale, cit., p. 123.

24 In altre parole, l'intelligente sintesi finale così come la scaletta delle parole chiave, presenti ormai in quasi tutte le antologie scolastiche soprattutto delle secondarie di primo grado, si traducono spesso in ulteriore materiale da studiare, in quanto non sono elaborazioni di chi studia: la «lavorazione» del testo, sia essa graffatura, sottolineatura, schedatura di parole-chiave a margine, è utile a chi studia non tanto in quanto «prodotto», ma in quanto processo di appropriazione dei contenuti. Per eventuali approfondimenti su tale discorso si confronti Luca Serianni, *Italiani scritti*, Bologna, Il Mulino, 2003, p. 159-169.

25 Sarebbe stato indubbiamente interessante un incrocio coi dati di vendita delle antologie del nostro campione ma è una pista diversa che non ha potuto toccare direttamente il lavoro. Possiamo dedurre però, con ragionevole certezza, che le quindici antologie dalle quali abbiamo raccolto i dati siano tra quelle più adottate nelle scuole (e perciò più vendute) in quanto spesso suggerite dagli stessi docenti durante il processo di raccolta dati.

26 Alice Assandri, Pino Assandri, Elena Mutti, *Leggere i Classici*, Bologna, Zanichelli, 2014.

libro-letteratura[27], *Lettori si diventa – La letteratura italiana*[28], *Leggermente – la Letteratura*[29]) che, per la loro impostazione, abbiamo potuto valutare come particolarmente interessanti dal numeroso *corpus* di riferimento: per comodità di esposizione i testi verranno d'ora in avanti rispettivamente indicati con A, B, C e D.

Ci siamo chiesti quali tra i seguenti libri potevamo considerare «meglio strutturato» in una prospettiva didattica. Per darci una risposta, ci siamo affidati alle caratteristiche che l'antologia deve possedere, per essere considerata un valido ausilio didattico, secondo il pensiero di Maria Adelaide Gallina: «Un volume può avere diverse caratteristiche, tra cui l'organizzazione e la strutturazione opportuna dei contenuti, la chiarezza espositiva, la possibilità di ricollegarsi mediante compiti appositi a quanto appresso e individuare collegamenti interdisciplinari[30]».

Alla luce di ciò, abbiamo notato che A è l'antologia che tende a inserire complessivamente più estratti dalla *Commedia*. Tra i quindici manuali del nostro campione, infatti, è quello che propone il più alto numero di brani e, al contempo, si distingue per l'accurata scelta: molti, infatti, sono i versi estratti da canti meno conosciuti a livello scolastico (come le sezioni di *Inferno* XVII o *Purgatorio* V). Ciò rappresenta un decisivo fattore di innovazione, poiché consente agli alunni e agli insegnanti di affrontare brani meno noti, in alternativa a quelli oramai istituzionalizzati dalla e per la *comfort-zone* del docente. A si dimostra l'antologia, quindi, più equilibrata in cui, pur essendo presenti dodici estratti dall'*Inferno*[31], il

---

27 Chiara Ferri, Luca Mattei, Vittoria Calvani, *Amico libro – Letteratura*, Milano, Mondadori Education, 2016.

28 C. Perego, *Lettori si diventa – La letteratura italiana*, Milano-Torino, Pearson Italia, 2015.

29 Emilia Asnaghi, Raffaella Gaviani, *Leggermente – la Letteratura*, Torino, Lattes, 2016.

30 Maria Adelaide Gallina, *Il libro di testo: una risorsa didattica*, in *Ead.*, *Scegliere e usare il libro di testo*, cit., p. 121.

31 Si inizia con *Inferno*, I. I versi proposti allo studente sono 1-27 e 114-126 intitolati rispettivamente *La selva oscura* e *Virgilio*. Il canto II è riassunto e una particolare attenzione è data alle parole e concetti chiave, adeguatamente evidenziati. Il canto III (vv. 1-30, vv. 82-117) è suddiviso rispettivamente in *La porta dell'inferno* e *Caronte*. La restante parte del canto sacrificata viene adeguatamente e ordinatamente riassunta. Dopo un riassunto del canto IV e della prima parte del canto V, viene presentata allo studente *Paolo e Francesca*, titolazione data ai versi 25-49, 73-75 e 78-138 in cui viene proposta non solo l'intera storia dei due cognati ma anche una descrizione de «la bufera infernal» di inizio canto. I canti dal VI a XVI sono ordinatamente riassunti con enfasi sulle parole e concetti chiave. *Gerione* è il titolo dato ai versi 1-27 del canto XVII. Una parte del canto XVIII (vv. 1-39) mostra allo studente una descrizione delle Malebolge. La restante parte del canto è riassunta in una tabella intuitiva in cui vengono presentati allo studente

Purgatorio[32] e il *Paradiso*[33] ne attestano ben sette ciascuno, superando di molto le altre antologie letterarie del campione che riservano alle ultime due cantiche pochissimi estratti, se non addirittura solo meri riassunti.

B è l'antologia che meglio può fungere da esempio: nonostante presenti il più alto numero di estratti dall'*Inferno*[34] rispetto a tutte le

---

le dieci Malebolge con i peccatori ivi puniti e le pene da loro scontate. Il canto XXII è, come i precedenti, mutilo: *In compagnia dei diavoli* si concentra, infatti, sulla «fiera compagnia» di demoni che accompagnano Dante e Virgilio (vv. 13-15, 30-36, 40-42, 55-60, 70-75). Il canto è preceduto dai riassunti dei canti che separano il XXII dal XVIII. Dopo i riassunti dei canti che vanno dal XXIII a parte del XXVI viene presentato l'episodio *Ulisse e il folle volo* (vv. 85-126; 133-142). La sezione dedicata a *Il conte Ugolino* (vv. 1-21; vv. 68-78) è preceduta dai riassunti dei canti che vanno dal XXVII a parte del XXXIII. *Lucifero* e *Dopo l'oscurità, le stelle* (vv. 28-31; vv. 37-60; vv. 133-139) concludono l'*Inferno*. L'aspetto dell'estratto del canto si presenta costante per tutti quelli presentati in antologia: i versi non presentano una parafrasi a fronte bensì note a piè di pagina che fungono da parafrasi e breve commento. Interessante è il ritaglio degli esercizi, suddivisi in due sezioni: *Comprendere* e *Competenze linguistiche* che, per ogni canto proposto, presenta almeno un esercizio di trascrizione / individuazione del corrispettivo italiano moderno delle espressioni in volgare fiorentino di Dante.

32   Gli esercizi e l'aspetto grafico-didattico dei canti del *Purgatorio* presentano il medesimo schema proposto per l'*Inferno*. Il canto I (vv 1-21; vv. 70-75; vv. 115-120) viene suddiviso in *Il proemio alla seconda cantica* e *Catone l'Uticense* Il canto II e parte del III sono presentati sotto forma di riassunto. Del canto III l'autore presenta allo studente *Manfredi* (vv. 103-145) con annessi esercizi di comprensione e competenza linguistica. Un riassunto dei canti IV e V fa da introduzione all'estratto *Son la Pia* (vv. 130-136), con i versi dedicati alla figura di Pia de' Tolomei del canto V, senza apparato di esercizi. *Ahi serva Italia* (vv. 67-96) introduce l'invettiva che Dante lancia contro l'Italia, scaturita dall'incontro affettuoso di Virgilio con l'anima di Sordello nel VI canto. Ciò che accade dal canto VII al XXVII è riassunto in un unico prospetto. Gli ultimi versi che il libro di testo offre del *Purgatorio* sono intitolati *Virgilio lascia Dante* (vv. 127-142 del canto XXVII). Il resto della cantica è proposto attraverso un riassunto chiaro e conciso.

33   *La protasi e l'invocazione ad Apollo* (vv. 1-21) apre il canto I del *Paradiso* con due schemi di approfondimento sulle figure mitologiche di Apollo e di Marsia. Senza riassunto dei canti precedenti, lo studente è portato a metà del canto XVII con *La profezia di Cacciaguida* (vv. 57-69). *Inno alla trinità* e *Invettiva contro i papi corrotti* sono le due sezioni nei quali viene presentato, in parte, il canto XXVII. Le sezioni del canto non trascritte sono riassunte in modo semplice e lineare, marcando i concetti e parole chiave. *Saluto a Beatrice* (vv. 79-93) è la parte proposta allo studente del canto XXXI. Le sezioni del canto non trascritte sono riassunte in modo semplice e lineare, marcando sempre i concetti e parole chiave. Senza ulteriori riassunti, si conclude il *Paradiso* con il canto XXXIII, suddiviso in *Preghiera alla Vergine*, vv 1-27 e *La visione di Dio*, vv 142-144.

34   Si inizia con *Inferno*, I. I versi proposti allo studente sono 1-18 e 67-90 intitolati rispettivamente *La selva oscura* e *L'incontro con Virgilio*: i versi presentano una parafrasi a fronte, nessuna nota a piè di pagina e un breve ma incisivo riassunto sia dei versi selezionati per lo studente che di quelli mancanti. Interessante è il taglio degli esercizi, suddivisi in due sezioni, *Comprendere il contenuto* e *Analizzare lo stile e il linguaggio*: quest'ultimo,

antologie esaminate (ben quindici contro i dodici di A) del *Purgatorio*[35] e il *Paradiso*[36] si offrono rispettivamente uno e due estratti.

Le restanti antologie (C e D ma, per estensione, anche il resto del *corpus*) rivelano un'impostazione standard nella scelta e nel numero di brani tratti dalla *Commedia*, in cui l'*Inferno* supera decisamente, in estratti, le restanti due cantiche. Ma sempre diversa è la presentazione che se ne fa. C sceglie un modello più sintetico di didattica, tracciando a grandi linee il profilo dell'autore e dell'opera, esponendo i versi essenziali e più conosciuti; D si dimostra, al contrario, organica e ordinata, attenta soprattutto alla lingua e allo stile, presentando pochi versi ma didatticamente curati sotto diversi punti di vista[37].

---

per ogni canto proposto, presenta almeno un esercizio di trascrizione del corrispettivo italiano moderno delle espressioni dantesche in volgare. Segue *Inferno* III, (vv 1-12, vv. 22-63 e vv. 82-120) suddiviso in *La porta dell'inferno*, *L'ingresso nell'inferno e incontro con gli ignavi* e *Caronte, il nocchiero dell'inferno*. Gli esercizi riprendono la stessa partizione del canto I. Dopo un riassunto della prima parte del canto V, viene presentato allo studente l'estratto *Paolo e Francesca*, titolo dato ai versi 82-142 in cui viene proposta l'intera storia dei due cognati. Un breve riassunto porta lo studente ai versi 22-51 e 77-93 del canto X, intitolati *Farinata degli Uberti*. Probabilmente per continuità e semplicità didattica è del tutto eliminato l'episodio di Calvalcante che occupa i versi 52-76. Sono riassunti in maniera spedita ma comprensiva tutti i canti fino a *La selva dei suicidi* che raccoglie i versi 4-15 del canto XIII. Gli autori del libro di testo, quindi, evitano di trattare l'incontro con Pier delle Vigne e di illustrare un altro personaggio infernale (con i precedenti, si arriva già a cinque) preferendo la descrizione della selva e le Arpie che la abitano. I vv. 94-120 del canto XIV sono dedicati a *Il veglio di Creta* e all'origine dei fiumi infernali. *I demoni cornuti* è il titolo dato ai versi 34-39 del canto XVIII che presentano, per l'appunto, i diavoli che puniscono le anime dannate nelle Malebolge. Proseguendo per questo tema, quindi, un rapido riassunto dei canti successivi porta il libro di testo a presentare *Malacoda*, titolo dato ai versi 118-139 del canto XXI che hanno per oggetto il capo della banda dei diavoli incontrati dai due poeti. Il canto XXVI viene presentato allo studente mutilo. *Invettiva contro Firenze* raccoglie i versi 1-12 e un riassunto dei versi mancanti porta lo studente a *Il folle volo di Ulisse*, titolo dato ai versi che vanno dall'85 al 142. Riassunti semplici e intuitivi accompagnano lo studente all'incontro con l'ultimo personaggio parlante presentato dal libro di testo. *Il conte Ugolino* è infatti il titolo dato ai versi 1-90 del canto XXXIII. *A riveder le stelle* è il titolo riservato ai brevi versi conclusivi della cantica (XXXIV vv. 133-138) presentati non prima di una rapida descrizione di Lucifero.

35 I versi dedicati al *Purgatorio* sono estratti da appena un canto: il XXX, dai versi 22-54 presentati allo studente col titolo *L'incontro con Beatrice e l'addio di Virgilio*.

36 Il *Paradiso* presenta due sezioni: *San Francesco* è il titolo dato ai versi 73-93 del canto XI e *Profezia dell'esilio* ai 46-69 del canto XVII. Gli esercizi e l'aspetto grafico-didattico del canto, presentano i medesimi aspetti di *Inferno* e *Purgatorio*.

37 I versi dei canti, estrapolati e presenti nella quasi totalità delle antologie, sono, per l'*Inferno*, il canto I, III, V, XXVI e XXXIII. Di solito del *Purgatorio* è presente almeno qualche estratto del canto I e canto III, mentre del *Paradiso* ricorrente è solo ed esclusivamente la *Preghiera alla Vergine*, parte del canto XXXIII.

Incanalando la nostra analisi verso l'apparato degli esercizi notiamo che essi sono, a nostro avviso, più completi nell'antologia A, in quanto costruiti in modo da mirare non solo alla mera comprensione del testo, ma anche e soprattutto a quelle che possiamo acquisizione delle competenze linguistiche di base: ogni scheda prevede, infatti, un egual numero di esercizi sia a proposito della forma del testo (inerenti, cioè, alla sintassi, al genere letterario di appartenenza e alla metrica) sia dello studio della lingua (consistenti in genere nel confronto tra vocaboli e nell'esplicazione del loro significato e dei loro sinonimi).

Alla luce delle valutazioni qui riportate, l'antologia che, quindi, quantitativamente e qualitativamente supera le altre del campione è l'antologia A: la Zanichelli è la casa editrice che, meglio delle altre – probabilmente grazie alla sua enorme esperienza nella produzione di libri scolastici per tutti i gradi di scuole secondarie in Italia – riesce nell'intento di rispondere, nel complesso, alle quotidiane esigenze di studenti e insegnanti di una secondaria di primo grado.

L'esposizione del periodo storico, la vita dell'autore, la genesi e trattazione della sua *magna opera* si rivelano nell'antologia A chiare e complete, supportate da numerose schede di approfondimento e da schemi che ne facilitano senza appesantirla, la comprensione e l'approccio dello studente al testo. La *Commedia* presentata alterna sia estratti più canonici (parti del canto V o del XXVI dell'*Inferno*) sia quelli meno conosciuti (sezioni del canto XVII o del canto XXI dell'*Inferno*) e tutto l'apparato informativo-espositivo (cappello introduttivo, parafrasi ed esercizi) è allestito in modo ordinato e didatticamente efficace. Infine, degni di nota sono anche i supporti grafici, intuitivi e colorati, posti accanto ai versi o a inizio cantica al fine di attirare l'attenzione dell'alunno e aiutare il docente a evidenziare i soggetti o gli eventi di cui si parla nei brani.

È proprio attorno alla figura dell'insegnante e ai suoi metodi didattici che abbiamo promosso una seconda ricerca su come la *Commedia* sia effettivamente insegnata nelle secondarie di primo grado[38], cercando di rendere i criteri di distribuzione quanto più adeguati alle effettive differenze che possono intercorrere dall'ubicazione delle diverse scuole,

---

38 La ricerca è stata condotta attraverso l'invio online di oltre duecentocinquanta questionari di rilevamento ad altrettanti docenti di lettere di scuole secondarie di primo grado, duecentoquarantatré dei quali ci sono ritornati compilati. Si è preferita una risposta anonima, pertanto si è evitato di chiedere di trascrivere il nome delle scuole di provenienza degli insegnanti onde evitare risposte prevedibilmente edulcorate.

cercando di ripartire egualmente i questionari in istituti sia del centro che di periferia[39].

La stesura del questionario ha richiesto un lavoro di progettazione iniziale al fine di produrre quesiti che offrissero una buona quantità di dati ma che, al contempo, fossero sintetici, non ripetitivi o vincolanti: per questo si è cercato di realizzare dapprima una mappa delle informazioni utili al nostro interesse, dividendo i possibili quesiti in quattro macro-categorie che, durante la stesura del questionario vero e proprio, ne sono diventate le effettive sezioni: «Programmazione», «Strumenti didattici», «Verifiche» e «Risultati didattici».

La prima sezione del questionario è stata dedicata alla «Programmazione». I quesiti interrogano gli intervistati principalmente su come organizzano i contenuti danteschi durante la loro didattica, con domande che spaziano da quale sia l'anno del triennio scelto per introdurre Dante, se e quanto l'autore sia effettivamente affrontato, il monte ore a lui dedicato e la distribuzione delle ore durante il corso dell'anno. I quesiti analizzano anche il rapporto del docente con l'antologia adottata, con gli obiettivi didattici posti in fase di programmazione e i risultati realizzati nel concreto.

La seconda macro-sezione raccoglie quesiti concernenti le «metodologie didattiche». Le domande pongono l'accento sul rapporto dei docenti con il testo e i contenuti dell'opera. Cardini, i quesiti che richiedono, specificamente, quale sia il rapporto dei docenti con riassunti, parafrasi e commenti, oltre a notizie sull'utilizzo o meno da parte loro di strumenti multimediali e siti internet di argomento dantesco.

La terza sezione è dedicata alle «Verifiche», siano essere scritte o orali. Si è richiesto ai docenti quali siano le modalità del loro accertamento dei contenuti danteschi e gli oggetti stessi della loro verifica.

---

39 Nonostante un'ampia collaborazione generale, diverse sono state le scuole i cui Dirigenti scolastici hanno ritenuto opportuno negare l'indagine dato che – a loro avviso – il carico di lavoro giornaliero di un docente, già gravoso di suo, sarebbe stato inutilmente appesantito dal rispondere a trentatré domande, etichettate da uno di loro, testualmente, come «inutile perdita di tempo». Questo tipo di risposta è, però, già un primo dato dal quale poter partire con una riflessione: nelle secondarie di primo grado, come si vedrà dai dati del questionario, spesso l'insegnamento dantesco è opzionale e, qualora risulti presente, rimane comunque circoscritto, eccetto rari casi, a poche ore del secondo anno dei tre di corso. È comprensibile, quindi, che alcuni presidi abbiano voluto eludere un'indagine al riguardo, sottovalutandone, probabilmente, il fine ultimo e non comprendendo appieno l'oggetto stesso della ricerca.

L'ultima sezione è quella più soggettiva ed è dedicata ai «Risultati didattici». Si sono interrogati i docenti a proposito di un'autovalutazione del proprio metodo didattico e di quale sia, dal loro punto di vista, l'interesse suscitato negli studenti.

I dati, opportunamente raccolti e analizzati, ci hanno offerto un affresco sull'attuale insegnamento dantesco nelle secondarie di primo grado che, in sintesi, si presenta nel seguente modo.

Nella sezione relativa alla «Programmazione», un docente medio dedica approssimativamente dalle 10 alle 15 ore alla didattica dantesca[40], concentrando tale periodo tra due e quattro settimane del secondo anno del triennio[41], nonostante, dai dati pervenutici, si evinca che circa un docente su dieci non affronta affatto lo studio di Dante e della *Commedia*[42]. L'indagine condotta, inoltre, ci ha mostrato che la lezione media dei docenti si incentri principalmente sulla lettura, parafrasi e commento di alcuni canti e come ancora valido strumento di aiuto ai docenti e agli studenti sia considerata l'antologia di riferimento[43].

---

40   Per più di quattro docenti su dieci (il 44,1% degli intervistati) la media delle ore di lezioni dantesche annuali rientra in una fascia compresa tra le dieci e le quindici. Rispetto al totale delle ore annuali di italiano – sei alla settimana di cui almeno due dedicate alla letteratura – rappresenta un buon quantitativo e conferma, nella didattica effettiva, l'importanza riconosciuta, durante la stesura dei programmi dei docenti, all'opera dantesca. La fascia di docenti, poi, che dedica a Dante tra le cinque e le dieci ore annuali è rappresentata da un notevole 35,5%, mentre la percentuale dei docenti che ogni anno gli dedica dalle quindici alle venti o più di venti risulta quasi limitata (7,5% in entrambi i casi).

41   Parliamo del 46,3% dei docenti a fronte del 14,7% che ne distribuisce lo studio nel corso dell'intero anno scolastico.

42   Nonostante un consistente numero-campione di docenti di partenza, solo il 6,8% di loro (dunque neanche un docente su dieci), ha segnalato di non affrontare affatto con la propria classe lo studio di Dante e della *Commedia*. Tendenzialmente, le risposte del perché di tale scelta sono equilibrate: prevalgono, a pari percentuale col 30%, il fatto di considerare prematuro affrontare Dante nel corso di una secondaria di primo grado e il rifiuto didattico di prendere in esame del tutto lo studio della letteratura durante questo ciclo scolastico. Le altre due possibilità di risposta, entrambe oscillanti attorno al 20%, si dividono tra chi, pur affrontando lo studio della letteratura con la classe, non si sofferma sulla figura letteraria di Dante in particolare e chi, invece, considera l'autore e la sua opera inappropriati e troppo complessi da proporre.

43   La parafrasi del testo dantesco è un'attività fondamentale affinché gli studenti abbiano più facile accesso alle parole di Dante. Un dato certamente positivo è che nessun docente intervistato scinde la lettura del canto dalla sua parafrasi: la maggioranza degli intervistati (composta dal 60,6%) dichiara di proporla regolarmente, mentre si attesta su un buon 25,5% chi la pratica spesso. Chi la svolge raramente si ferma al 13,8%. Il dato evidenzia, da parte dei docenti, l'importanza di questo esercizio linguistico e la necessità, ancora

Sebbene molti libri di testo di letteratura presentino la *Commedia* con la parafrasi a fronte o con dei riassunti, i docenti utilizzano questi ultimi quasi esclusivamente come ausilio per il lavoro personale degli studenti a casa e raramente in aula come strumento per sostituire del tutto la lettura di un canto o di parte di esso. Di rado, infatti, accade che un canto venga studiato per intero: la maggior parte dei docenti lo leggerà e spiegherà antologicamente, fornendo agli studenti i soli versi principali e più celebri del canto analizzato.

Considerando l'esiguo numero di ore dedicate alla letteratura nelle secondarie, è ragionevole infatti considerare che i docenti attuino una cernita nell'ambito delle cantiche e dei canti, e dall'indagine è emerso che l'*Inferno* sia la più letta e approfondita: la stragrande maggioranza dei docenti, infatti, analizza regolarmente i soli celebri versi dedicati ai grandi personaggi infernali quali Francesca, Ulisse o Ugolino. Per il *Purgatorio* e il *Paradiso* seguono almeno i canti primi, che aiuteranno a sintetizzare l'*argumentum* della cantica in apertura e una percentuale non esigua dei docenti ha confermato di trattare anche le terzine che compongono la preghiera alla Vergine di San Bernardo dell'ultimo canto del *Paradiso*[44].

---

sentita, di fornire agli alunni gli strumenti adatti a comprendere appieno l'epica e i grandi classici della nostra letteratura, ma anche e di far comprendre al meglio le potenzialità e la storia della nostra lingua. Di pari passo alla parafrasi svolge un ruolo decisivo, durante la lezione, il commento al testo proposto dal docente. La quasi totalità degli intervistati commenta il testo regolarmente (56,4%) o spesso (24,5%); pochi, di fatto, sono coloro che lo svolgono raramente (19,1%). Il commento, spesso assistito da buoni manuali scolastici, appare per i docenti un'attività irrinunciabile per far comprendere meglio il testo e il messaggio dantesco, per sintetizzare e chiarire tematiche complesse, per coinvolgere gli studenti, superando quelle barriere cronologiche e culturali che, inevitabilmente, separano loro dal poema.

44 È confermato che i docenti che affrontano la *Commedia* diano priorità alla lettura dei canti infernali rispetto a quelli delle altre due cantiche: i canti che, in percentuale, superano il 50% delle scelte sono, infatti, quelli estratti dell'*Inferno*. Canto I (proemio e incontro Virgilio; segnalato dal 90,0%), Canto III (Caronte; segnalato dal 65,7%), Canto V (Paolo e Francesca; segnalato dall'88,5%), Canto XXVI (Consiglieri fraudolenti, Ulisse; segnalato dal 61,4%). I canti affrontati dalla fascia tra il 10% e il 40% dei docenti sono per l'*Inferno*: Canto VI (Ciacco; segnalato dal 20,0%), Canto XIII (Pier delle Vigne; segnalato dal 18,5%), Canto XXXIII (Conte Ugolino; segnalato dal 28,5%). Per il *Purgatorio*, attestiamo il Canto I (spiaggia, Catone; segnalato dal 30,0%), Canto III (Manfredi di Svevia; segnalato dal 22,8%). Per il *Paradiso*: Canto I (invocazione, segnalato dal 20,0%), Canto XXXIII (preghiera alla Vergine, segnalato dal 24,2%). I canti affrontati da meno del 10% dei docenti sono: Per l'*Inferno*, i canti: II, IV, VIII, X, XI, XII, XVIII, XV, XVII, XVIII, XX, XXI, XXIII, XXIV, XXX. Per il *Purgatorio*, i canti: II, V, VI, XXX, XXXI, XXXII, XXXIII. Per il *Paradiso*, i canti III, VI, XII, XIII, XV.

Intersecando i dati qui ottenuti con quelli risultanti dall'analisi della parte dantesca delle antologie, possiamo dire che, in linea di massima, i canti scelti dal più del 50% dei docenti sono presenti in ogni antologia letteraria. Il discorso inizia a farsi problematico per quanto riguarda quei canti scelti tra il 10% e il 40% dei docenti presenti, solo a tratti, in meno della metà del campione di volumi preso in esame; mentre sono appena un paio i libri di testo che presentano – in parte – quei canti scelti dal meno del 10% degli intervistati.

La domanda che ci poniamo, alla quale siamo sicuri non possa esserci risposta certa, è se la scelta didattica dei docenti si basi, quindi, esclusivamente su quella offerta dall'antologia di riferimento. Nonostante il 63,4% degli intervistati ammetta di apprezzare e utilizzare in aula il libro di testo, un indicativo 52,2% dei docenti non sembra essere totalmente soddisfatto dei soli canti che, però, lo strumento propone: a volte sono i docenti stessi che si procurano autonomamente del materiale, come il prosieguo di un canto che è stato «mutilato» dal libro di testo, o canti che l'antologia non riporta. Solo il 35,9% degli intervistati è soddisfatto di ciò che propone il libro di testo, mentre quasi un docente su dieci si mostra totalmente insoddisfatto da ciò che offrono le antologie.

Evidente, da un punto di vista di mera gestione dei tempi didattici, l'impossibilità dei docenti di coprire buona parte del *corpus* dantesco proposto nei volumi, anche solo dell'unica cantica prescelta: si preferisce, di conseguenza, attuare principalmente percorsi trasversali all'interno dell'opera seguendone temi o percorsi particolari[45] anche con l'aiuto di eventuali supporti ipermediali al testo.

Lo strumento multimediale gode, difatti, di un'enorme popolarità, principalmente nella forma di DVD di grandi attori teatrali che recitano e commentano i versi della *Commedia*: meno successo, invece, riscuotono

---

45 La prima considerazione da fare è che, tra le tematiche che un docente affronta durante l'ora di letteratura dedicata alla *Commedia*, quella sui personaggi è tra le più approfondite dalla stragrande maggioranza degli intervistati, l'89,2%. Il secondo gruppo di temi più importanti per numero di segnalazioni è quello amoroso (amore cortese, amore salvifico, donne angelo), segnalato dai due terzi dei docenti (66,7%). Il 45,2% degli intervistati propone ai propri studenti temi politici, come la differenza tra guelfi e ghibellini, Bianchi e Neri, il contrasto Impero-Chiesa e l'esilio. Il tema della struttura dei Regni, quello della lingua e della biografia si attestano, quasi *ex æquo*, rispettivamente col 32,3, 30,1% e 34%. Anche i temi sulla poetica sono approfonditi da quasi un terzo dei docenti (21,5%).

i siti web di argomento dantesco[46]. Quasi la metà dei docenti intervistati ammette di non conoscerne neanche l'esistenza, e quelli che ne sono invece a conoscenza ne limitano l'uso, per lo più, all'approfondimento individuale dell'allievo a casa.

I compiti in classe e le interrogazioni sono funzionali alla verifica della capacità degli studenti di comprensione e studio dell'argomento. La maggior parte dei docenti controlla oralmente la preparazione dei propri studenti tramite soprattutto parafrasi e commento del canto oggetto di interrogazione[47]. I compiti scritti sono rari ma, quando sono soggetti a verifica, vertono principalmente sull'esercizio di analisi del testo o sul classico tema in classe, utile esercizio di scrittura e giudizio per l'alunno. I docenti, nel complesso, si dichiarano soddisfatti del loro metodo didattico e la *Commedia* suscita interesse anche negli studenti[48].

---

46 Il dato più eclatante è rappresentato dall'enorme successo riscosso dai DVD *Tutto Dante* di Roberto Benigni, utilizzato in classe da addirittura un professore su sei (18,3%). Risulta chiaro che lo strumento multimediale è usato principalmente per mostrare agli studenti un esempio di lettura poetica offerta da attori professionisti, che sappia coinvolgere, commuovere e spiegare il capolavoro dantesco, senza tralasciarne la concretezza testuale e, anzi, potenziandola attraverso la recitazione. Notevoli anche le segnalazioni di edizioni multimediali della Commedia con suoni, immagini, commenti e motori di ricerca, come quello della De Agostini o quello della Fabbri Editori.

47 Le alte percentuali ottenute dalle varie opzioni segnalano, da parte dei docenti, la presenza simultanea di due modalità di verifica orale: la parafrasi utilizzata dall'87,4% degli intervistati e il commento richiesto dall'84,2% degli intervistati. Le contestualizzazioni, in sede di colloquio orale, storico-culturali e intertestuali si attestano con delle percentuali notevolmente più basse (38,9% e 11,6%). Da segnalare, inoltre, che il 5,3% dei docenti non è solito verificare l'apprendimento del testo di Dante con colloqui orali.

48 L'autovalutazione del metodo didattico, da parte dei docenti, si situa indubbiamente su un piano medio-alto. Nulla è la percentuale di docenti che si ritiene assolutamente insoddisfatta del proprio metodo didattico nell'insegnamento della *Commedia*; bassa quella di coloro che si ritengono poco soddisfatti (3,2%). Un terzo degli intervistati segnala, invece, un'alta soddisfazione (29,5%) e quasi due terzi quelli che si dichiarano abbastanza soddisfatti (66,3%). Quasi irrilevante è la percentuale di coloro che si sono astenuti dal giudizio (1,1%). Anche le valutazioni delle reazioni degli studenti allo studio dantesco si attestano su un piano medio-alto. Un 6,3% segnala di percepire, da parte dei propri studenti, entusiasmo e desiderio di approfondimento; un'alta percentuale (42,1%) segnala un forte interesse da parte degli studenti; altissima quella di coloro che segnalano un'attenzione normale (51,6%), mentre nessuno segnala di rilevare uno scarso interesse da parte degli alunni. Il dato è in qualche modo confortante e testimonia il fascino che Dante sa ancora suscitare negli studenti di oggi, nonostante le difficoltà del linguaggio, la fatica che il testo richiede e il numero limitato di ore di lezione dedicategli alle Secondarie A tal proposito, ritengo di dover riportare le parole che Bianca Garavelli riporta di una conversazione avvenuta con degli studenti: «"Perché Dante vi piace?" e qualcuno mi ha risposto "Perché è riuscito a scrivere come se fosse stato veramente di là"; quindi quello

Alla fine di questa lunga analisi, che ha toccato da una parte le antologie letterarie e dall'altra l'effettiva didattica dantesca, frutto di due lavori di ricerca differenti ma paralleli, non resta che porci un ultimo interrogativo finale: è un bene, quindi, che la *Commedia* – ma il discorso può e deve abbracciare «ideologicamente» l'intera storia letteraria – sia proposta e studiata da ragazzi la cui fascia d'età oscilla tra gli undici e i quattordici anni? O viceversa, uno studio di questo tipo si rivela effettivamente prematuro, come molti insegnanti, e alcuni critici, sostengono così strenuamente?

Dal confronto effettuato sul totale dei volumi presi come campione tra le antologie più spesso adottate nelle secondarie di primo grado, è evidente che le case editrici tentano in ogni modo di stare al passo con i tempi e con le esigenze della scuola e degli alunni moderni: non bisogna dimenticare, però, che le antologie sono pur sempre «meri strumenti di lavoro» che, se ben allestiti, forniscono sì un utile supporto al percorso educativo, il quale però è messo in atto sempre, in prima persona, dall'insegnante di riferimento[49].

Nella prassi didattica concordo con Valeria Bruni nel sostenere che, data la giovane età degli studenti, sia pressoché impossibile, se non deleterio, proporre loro il nozionistico studio dell'autore e della sua opera seguendo pedissequamente il percorso tematico proposto da tutte le antologie vigenti. Non è sufficiente, né tantomeno opportuno, ricorrere alla semplificazione o alla sintetizzazione di quei contenuti dell'opera dantesca ritenuti dai docenti, a torto o ragione, eccessivamente alti e complessi per questa fascia d'età: si tratta piuttosto di dover innestare e suscitare negli alunni una certa sensibilità all'opera letteraria dantesca che porti, conseguentemente, all'acquisizione di nuove è più complete competenze non solo linguistico-letterarie[50].

In tal modo, lo studio della *Commedia* risulta essenziale per far conoscere agli studenti, oltre ciò che Dante ha voluto *raccontare*

---

che colpisce moltissimo gli studenti sembra essere ancora forse quello che costituisce il fulcro dell'attenzione nei confronti di Dante, cioè questo viaggio nell'aldilà, proprio questa sostanza del viaggio nell'aldilà» Bianca Garavelli, *Commentare Dante*, in *Dante nelle scuole*, a cura di N. Tonelli e A. Milani, cit., p. 31.

49   Alberto Barausse, *Libri di testo e manuali per la scuola: alcuni itinerari nella storia contemporanea italiana* in (a cura di) Maria Adelaide Gallina, *Scegliere e usare il libro di testo. Riflessioni ed esperienze*, Milano, Franco Angeli, 2009, p. 121.

50   Cfr. Valeria Bruni, *Per insegnare la storia della letteratura nella scuola secondaria di primo grado* in www.pearson.it.

nel canto prescelto, anche e soprattutto l'autore stesso, il contesto storico in cui è nato il suo lavoro, la lingua con cui ha composto l'opera, mirando, quindi, non tanto ai contenuti quanto ai nuovi spazi da esplorare: il discorso si inserisce coerentemente in quello che risulta essere lo scopo ultimo ed effettivo dell'educazione letteraria scolastica italiana.

Non il semplice fine estetico e contemplativo, bensì etico e *comunitario* – il primo, anzi, rappresenta il mezzo ideale per conseguire il secondo: come scrive Armellini «l'interpretazione è una delle grandi mete dello studio umanistico e la lettura dei testi letterari (connessa – aggiungerei – a quella dei libri di consumo) è uno dei metodi migliori per sviluppare le capacità interpretative degli studenti[51]».

Una ricerca di questo tipo ha dimostrato luci ed ombre della didattica della letteratura dantesca tentando, nel suo piccolo, di affrontare, valutando i dati relativi ad un campione ristretto, la complessità dell'approccio che la scuola secondaria di primo grado ha allo studio della *Commedia* dantesca. I limiti dell'analisi qui esposta, però, sono comunque consistenti. Quello più considerevole tra tutti consiste nell'avere esaminato una realtà statica, in quanto non compare, in questa ricerca, l'elemento diacronico: prendendo in considerazione esclusivamente la fotografia di un solo anno scolastico, non si può evincere in alcun modo quali siano, o se ci siano mai stati, canti, personaggi o percorsi o modalità didattiche diversamente esaminati dalle stesse classi negli anni precedenti.

L'analisi dei diversi studi qui presentati non ha, quindi, la presunzione di mostrarsi come rappresentativo di tutta la realtà scolastica italiana, né tantomeno di dare una soluzione ai problemi ad essa relativi; si propone però come un punto di partenza per un riscontro complessivo ed effettivo dei programmi danteschi che vengono svolti nelle secondarie di primo grado in Italia.

In questo campo ci siamo imbattuti però in una sostanziale lacuna: se diversi e illuminanti sono stati gli studiosi che si sono occupati della descrizione e delle problematiche della didattica della letteratura nelle secondarie di primo grado (per citarne alcuni, Coveri[52], Lugarini[53],

---

51 G. Armellini, *Come e perché insegnare letteratura*, cit., p. 73.

52 *L'educazione linguistica nella scuola media*, a cura di Lorenzo Coveri, Anna Giacolone Ramat, Firenze, Nuova Guaraldi,, 1979.

53 E. Lugarini, *Insegnare letteratura nella scuola dell'obbligo*, cit.

Romano[54], Sabatini[55] e Sarracino[56]) o del mero insegnamento dantesco a livello scolastico (Tonelli[57] e Scarpa[58]), pochissimi sono stati, invece, i contributi e gli studi effettuati inerenti, specificatamente, alla didattica della *Commedia* in questo delicato ciclo scolastico come quello tentato in questa occasione.

Colmare tale lacuna è possibile attraverso inchieste sul campo analoghe, migliori e più specifiche della presente, miranti ad integrarne il numero di dati, con le quali indagare per trovare una probabile soluzione o suggerimenti alla pratica della didattica della letteratura dantesca odierna, riuscendo a valutare o suggerire migliori piani di studio che partano da un effettivo riscontro della realtà.

Marco FABBRICATORE

54   R. Romano, *L'educazione letteraria nella scuola secondaria di primo grado*, cit.
55   Francesco Sabatini, *La scuola che cambia: i nuovi programmi per la scuola media*, Torino, Lœscher, 1979.
56   Vincenzo Sarracino, *La scuola media: i soggetti e le didattiche*, Napoli, Liguori, 1986.
57   *Dante nelle scuole, atti del convegno di Siena*, a cura di N. Tonelli e A. Milani cit., che raccoglie, fra gli altri, i contributi di Elisa Dei, Bianca Garavelli e Mirko Tavoni.
58   Attilio Scarpa, *Dante nelle scuole italiane*, Firenze, Vallecchi Editore, 1923.

RIFERIMENTI BIBLIOGRAFICI

ARMELLINI, Guido, *Come e perché insegnare letteratura. Strategie e tattiche per la scuola secondaria*, Bologna, Zanichelli, 1992.

ASNAGHI, Emilia, GAVIANI, Raffaella, *Leggermente – la Letteratura*, Torino, Lattes, 2016.

ASSANDRI, Alice, ASSANDRI, Pino, MUTTI, Elena, *Leggere i Classici*, Bologna, Zanichelli, 2014.

BARAUSSE, Alberto, *Libri di testo e manuali per la scuola: alcuni itinerari nella storia contemporanea italiana* in *Scegliere e usare il libro di testo. Riflessioni ed esperienze*, a cura di Maria Adelaide Gallina, Milano, Franco Angeli, 2009.

CASAPULLO, Rosa, *A proposito dei libri di testo. Qualche appunto e alcune suggestioni*, in *A scuola d'italiano a 150 anni dall'Unità. Più lingua più letteratura più lessico: tre obiettivi per l'italiano d'oggi nella scuola secondaria superiore*, a cura di Ugo Cardinale, Bologna, Il Mulino, 2011.

CHECCHINATO, Daniela, *La pratica didattica del testo letterario*, in *Cuadernos de Filología Italiana* n. 7, Roma, Università di Roma III, 2000.

CORTELAZZO, Michele, *Quattro tesi sull'inserimento del testo letterario nel curriculum scolastico* in *L'educazione linguistica nella scuola media*, a cura di Lorenzo Coveri, Anna Giacolone Ramat, Firenze, Nuova Guaraldi, 1979.

FERRI, Chiara, MATTEI, Luca, CALVANI, Vittoria, *Amico libro – Letteratura*, Milano, Mondadori Education, 2016.

GARAVELLI, Bianca, *Commentare Dante* in *Dante nelle scuole, atti del convegno di Siena*, Natascia Tonelli, Alessio Milani, Firenze, Franco Cesati editore, 2007.

L'educazione linguistica nella scuola media, a cura di Lorenzo Coveri, Anna Giacolone Ramat, Firenze, Nuova Guaraldi, 1979.

LUGARINI, Edoardo, *Insegnare letteratura nella scuola dell'obbligo*, Firenze, La Nuova Italia, 1985.

MARCHESE, Angelo, *La storicità del fatto letterario in prospettiva semiologica*, in *Insegnare la lingua: educazione letteraria*, a cura di Adriano Colombo, Carla Somadossi, Milano, Edizioni scolastiche Bruno Mondadori, 1985, p. 55.

MORDENTI, Raul, *Didattica della letteratura italiana*, Roma, Euroma, 1997.

OSSOLA, Carlo, *Brano a brano: l'antologia d'italiano nella scuola media inferiore*, Bologna, il Mulino, 1978.

OSSOLA, Carlo, *Testo poetico e storia letteraria* in *Didattica dell'italiano*, a cura di Mario Ricciardi, Torino, Edizioni Stampatori, 1976.

PALMISCIANO, Enzo, *La didattica della letteratura come educazione democratica dei sentimenti*, in *Che cosa fare della letteratura? La trasmissione del saper letterario nella scuola*, a cura di Dorotea Medici, Franco Angeli, Milano, 2011.

PEREGO, C., *Lettori si diventa – La letteratura italiana*, Milano-Torino, Pearson Italia, 2015.

ROMANO, Roberta, *L'educazione letteraria nella scuola secondaria di primo grado: riforme scolastiche e antologie a confronto*, Pisa, Università di Pisa, 2015.

SABATINI, Francesco, *La scuola che cambia: i nuovi programmi per la scuola media*, Torino, Lœscher, 1979.

SARRACINO, Vincenzo, *La scuola media: i soggetti e le didattiche*, Napoli, Liguori, 1986.

SCARPA, Attilio, *Dante nelle scuole italiane*, Firenze, Vallecchi Editore, 1923.

SERIANNI, Luca, *Italiani scritti*, Bologna, Il Mulino, 2003.

TAVONI, Mirko, *Sui commenti alla Commedia: qualche sondaggio* in *Dante nelle scuole, atti del convegno di Siena*, a cura di Natascia Tonelli, Alessio Milani, Firenze, Franco Cesati editore, 2007.

ZANCAN, Marina, *Didattica dell'italiano*, Roma, Bulzoni, 1975.

RIFERIMENTI SITOGRAFICI

BRUNI, Valeria, *Per insegnare la storia della letteratura nella scuola secondaria di primo grado*, in *www.pearson.it*.

«Le solite vecchie storie di sposi in riva al lago?» Una proposta per l'insegnamento della letteratura italiana nella scuola secondaria di primo grado: I promessi sposi di Alessandro Manzoni in www.provincia.torino.gov.it, a cura di Silvia Grindatto.

COMPTES RENDUS

Dantesque. Sur les traces du modèle, Sous la direction de Giuseppe
SANGIRARDI et Jean-Marie FRITZ, Paris, Classiques Garnier, 2019,
coll. Rencontres, n° 406, 305 p.

Cet ouvrage est beaucoup plus que les actes d'un colloque inter-
national organisé à l'Université de Bourgogne en 2016. Il constitue
comme un premier panorama des études dantesques à la veille du 700ᵉ
anniversaire de la mort de Dante. On y trouve un foyer de directions
de recherche qui s'adressent à tous ceux qui ont compris que chaque
anniversaire du poète n'est pas tant un anniversaire dans le siècle qu'un
anniversaire qui fait le siècle. Ce livre, qui a l'élégance de ne jamais
prétendre à l'exhaustivité, soulève une telle masse de savoir qu'on
commence à comprendre comment Dante a fait le XIXᵉ siècle littéraire,
plastique, musical, avant de s'emparer du suivant et du nôtre. Chaque
article ici ne traite pas un thème, il ouvre un forage dans un massif
tellement vaste et tellement dense qu'on referme chaque page avec le
sentiment qu'on ne fait que commencer, qu'il y a encore tant à savoir
et tant à conquérir et qu'il faut bien parler, comme fait Giuseppe
Sangirardi lui-même, de « l'ouverture d'un chantier par définition
gigantesque » (p. 14).

Et de fait, on passe de la traduction de l'*Enfer* en vieux français pas
Émile Littré, qui éclaire à sa façon le parti pris d'archaïsme de Pézard,
à l'emphase somptueuse de Liszt, d'un Rodin assiégé par un Dante à
demi-lu au réalisme violent de Zola ou aux outrances calculées d'Isidore
Ducasse, pour en arriver aux aveux de Thomas Mann fuyant l'attrait
exclusif de la germanité au pied de la Montagne magique. Les polémiques
sur « dantologie » et *nationalisme* en terre italienne ne sont pas oubliées,
surtout quand elles sont enflammées par un Byron traduit par Lorenzo
da Ponte ! Quant aux promesses frauduleuses du Polar ésotérico-dan-
tesque, elles ne manquent pas d'entretenir, à leur manière, le pouvoir
de célébration qui entoure le Livre de Dante. On pourrait en conclure
sans effort qu'il n'y a d'art que de Dante et que la seule fin de l'art c'est
toujours la fin du Dante.

S'il fallait cependant esquisser un premier cheminement au milieu d'un massif aussi divers, on pourrait dire qu'il permet d'établir une échelle des appropriations de Dante, œuvre et destin. On voit bien qu'un Liszt invente un piano nouveau, fait de résonances et d'amplifications, pour répondre à son modèle et inspirateur, mais finalement la lettre de Dante reste encore assez loin, l'étreinte est plutôt un passage d'aile. En revanche, la lecture par les archétypes que propose Jung affronte la géométrie intérieure du texte avec une précision remarquable qui conduit jusqu'à la confrontation avec « l'ambivalence de Dieu ». Mais là où le texte de Dante devient non seulement monde, mais se fait lui-même histoire, c'est dans le récit bouleversant de Varlam Chalamov décrivant, vers après vers, la souffrance des prisonniers du goulag pris dans le permafrost de Sibérie. Cette évocation compte parmi les pages les plus fortes du livre. Mais partout y règnent l'intelligence et la pré-cision. On regrettera peut-être la présence trop modeste de Leopardi, seulement cité à l'occasion de ses remarques sur Monti.

Dante nous vient d'un passé qui, très largement, le recouvre et ce n'est que peu à peu, et à travers des épreuves historiques sans nom, qu'il prend toute son ampleur, comme si cet auteur devait toujours être lu au futur, disposant moins d'une tradition assurée que d'un dévoilement progressif à travers les épreuves de l'histoire, comme le suggère à son tour Edoardo Sanguinetti en dialogue avec le compositeur Berio. Dante est encore devant nous : si c'est le Dante de l'*Enfer*, il y a de quoi pâlir ; si c'est le Dante qui nous arrache aux creux de la terre, il pourrait être ce Livre des morts qui accompagne lumineusement la pérégrination des ombres que nous sommes tous appelés à devenir.

Bruno PINCHARD

*
* *

Cécile Le Lay, *Marie dans la* Comédie *de Dante. Fonctions d'un « personnage »* *féminin*, Roma, Aracne, 2016 (Oggetti e soggetti | 42), 460 p.

Que Marie fût une figure centrale dans la *Comédie* de Dante est une donnée acquise pour tous les spécialistes du poète florentin. Elle apparaît dans le poème (p. 22) dès le chant II de l'*Enfer* où elle est présentée par les mots de Virgile comme la première « présence adjuvante » (p. 29) jusqu'à la prière finale, et en particulier « l'antithèse *umile e alta* » (p. 373), synthèse de tous les rôles qu'elle remplit dans le poème. Or, malgré cette présence structurelle, à part les nombreuses *Lecturæ Dantis* des chants où Marie apparaît, les études notamment monographiques sur elle restent relativement rares, comme l'auteure l'explique dans son introduction.

Le volume de Cécile Le Lay a sans aucun doute le mérite de présenter, par une enquête systématique, la figure de Marie dans la *Comédie* en lui reconnaissant entièrement la place de « personnage » et une « existence » dans le poème beaucoup plus capillaire. Cela apparaît aussi dans le recensement de sa présence, souvent dissimulée, dans les vers et en dehors des passages fixés par le canon exégétique (p. 23-24). Les différentes modalités d'intervention attribuées à Marie dans l'ensemble du poème sont analysées méthodiquement et progressivement, comme la table des matières le laisse apparaître très clairement. Avec une véritable anaphore, les trois premiers chapitres annoncent au lecteur les « fonctions » d'adjuvante, liturgique et esthétique que la Vierge assume dans les vers de Dante (*chapitre I. Marie, présence adjuvante, chapitre II. Marie, présence invoquée : fonction liturgique, chapitre III. Marie, présence admirée : fonction esthétique*).

Les titres des chapitres font émerger, à un premier regard, une méthode d'investigation d'empreinte structuraliste dans le but de dégager les procédés d'action de la Vierge, ses « fonctions » justement, orientant le développement des faits. Les limites de cette démarche, déjà mises en évidence depuis longtemps, ont été bien cernées et franchies par Cécile Le Lay qui joint à l'investigation des « fonctions » actives de Marie (chap. I) des dimensions passives : objet d'imitation, elle se dresse en *exemplum*, les prières qui lui sont adressées font d'elle un élément de la liturgie (chap. II) tandis que l'éblouissement qu'elle suscite lors de ses épiphanies la déplace dans le champ esthétique (chap. III).

On voit donc comme, en dehors des lieux du poème de la présence de la Vierge – *incipit* (*Inf.* II), *explicit* (*Par.* XXXIII) – Cécile Le Lay veut installer sa présence dérobée et cachée dans le tissu narratif. Elle énumère quatre pistes qui disposent, dans l'investigation, les quatre « fonctions » de la Vierge et qui, dans la structure de son ouvrage, se trouvent dans les trois premiers chapitres. L'intervention directe que l'auteure appelle « juridico-théologique » et l'intervention « morale » appuyée sur des modèles édifiants, exemples de vertu mariale, dans les sept corniches du *Purgatoire*, occupent le premier chapitre. Les deux autres apparaissent dans les titres des chapitres II et III. Le chapitre IV (*Synthèse des fonctions mariales : prière finale*), synopsis qui conclut les chapitres précédents et le chapitre V (*Béatrice à la lumière de Marie*) constituent les deux dernières étapes d'un parcours. Ce dernier voit dans les épisodes dont Béatrice est protagoniste « comme une anticipation de scènes où domine la figure de Marie » (p. 26). Une riche bibliographie (p. 429-441) et un index très complet (personnages et événements historiques, auteurs et critiques, œuvres, textes bibliques et liturgiques, dogmes, fêtes, titres et emblèmes marials) (p. 443-449) concluent le volume.

L'exploration pointue de ces fonctions, appuyée par un recours assidu aux vers dantesques, constitue l'architecture même de l'ouvrage de Cécile Le Lay qui semble ainsi prendre les formes d'un *commento* thématique – marial – du poème. S'il est sans aucun doute enrichissant de lire le poème sous cette perspective monosémique, il est fructueux de s'arrêter sur deux points qui méritent – me semble-t-il – une attention particulière, ne serait-ce qu'en raison de leurs positions liminaires dans le volume : il s'agit de la première sous-partie du chapitre I (1.1 *Personnage du récit : fonction juridico-théologique*) et du chapitre de la conclusion consacré à Béatrice.

La première fonction, objet du début du chapitre I (p. 29-59) que Cécile Le Lay désigne par un terme sans doute peu usuel référé à Marie – « juridique » – est la seule fonction « active » des quatre qui trouve son explication dans le pouvoir d'intercession de la Vierge. Dès le premier épisode fondateur du voyage, c'est elle qui, miséricordieuse, intervient en amont pour secourir Dante égaré ; « la miséricorde est une

prérogative que Dieu lui reconnaît en tant que Juge suprême » rappelle
au lecteur l'auteure en citant le *Mariale Aureo* de Jacques de Voragine
(p. 30). Cette même miséricorde/justice est repérée par Cécile Le Lay
presque systématiquement – parfois un peu trop – dans les innombrables
interventions de la divinité en Enfer et au Purgatoire (*Inf.* VIII, la cité
de Dis, *Purg.* XIX la femme bègue, IX la porte du Purgatoire, etc.).
Dans la perspective énoncée par l'auteure, deux passages me paraissent
particulièrement significatifs. Tout d'abord celui qui voit, dans l'épisode
de Sordel, l'apparition de deux anges qui chassent le serpent. L'image
conforme de Marie, nouvelle Ève, est évoquée car « grâce à elle, la justice
divine s'est infléchie » (p. 45). Ensuite, celui de Bonconte (*Purg.* V) qui
trouve *in extremis* son salut en invoquant Marie : « Ce récit tout simple,
inventé par Dante pour montrer l'enjeu d'un repentir même tardif,
constitue la meilleure preuve de la puissance d'intercession de la Vierge
Marie au moment du jugement (le jugement individuel qui intervient
juste après la mort) » (p. 57).

À la fin de ce parcours marial, c'est une autre femme qui le clôt,
la « gentilissima ». L'itinéraire exégétique suivi dans le volume incite
l'auteure à affirmer que le paradigme marial, avec ses fonctions déga-
gées dans les chapitres précédents, résonne chez Béatrice, dont la
description est débitrice de ce modèle (p. 393). Il suffit de comparer
l'épiphanie de la bien-aimée au Paradis Terrestre (*Purg.* XXX, 22-33)
avec l'apothéose de Marie dans l'Empyrée au chant XXXI du *Paradis*,
p. 389-392) ; ou bien de reconnaitre dans sa capacité, encore plus
grande que celle des bienheureux, de lire dans les pensées du *viator*,
une caractéristique mariale « puisque Marie est considérée comme
l'incarnation parfaite de la grâce prévenante » (p. 398). Les épisodes
de rapprochement que Cécile Le Lay développe sont nombreux et lui
permettent d'affirmer que Béatrice est façonnée pour être le moyen
par lequel Marie se manifeste de façon implicite, étant porteuse de la
grâce qui lui permet d'accomplir sa mission bénéfique envers Dante.
Cependant, elle reste ancrée à une réalité qui fait d'elle l'objet de cet
amour de la part du poète, origine du poème. C'est justement cet
enracinement de Béatrice dans la réalité pleinement humaine qui
permet de distinguer les deux rôles et qui donne à la femme aimée
celui, tout à fait extraordinaire, de transmettre « des réalités divines
capables de sauver l'homme en perdition » (p. 422).

Par cette perspective mariale globale, le livre de Cécile Le Lay offre au lecteur de Dante un outil bibliographique important, tout en nourrissant la (re)naissante dantologie française.

Sabrina FERRARA

*
* *

John FRECCERO, *Dante. Une poétique de la conversion*, Desclée De Brouwer, 2019.

Initialement paru en 1986 pour Harvard University Press, l'ouvrage de John Freccero, *Dante : the poetics of conversion*, est maintenant disponible grâce à l'excellente traduction française de Laurent Cantagrel, publiée par l'éditeur Desclée De Brouwer. Le choix de traduire un ouvrage adressé aux spécialistes d'un poète écrivant en langue étrangère, à 35 ans de la première édition et surtout à une époque où la plupart des chercheurs lit aisément l'anglais, donne la mesure de l'importance de cette étude. Si la renommée de la *Comédie* n'est plus à faire, il existe très peu de livres qui en donnent une interprétation aussi vaste et vivante, capable d'interroger la raison d'être profonde de toute écriture ainsi que les modalités concrètes qui régissent les représentations poétiques. Dans ce volume, le poème n'est pas présenté comme un objet distant ; au contraire, les lecteurs sont invités s'interroger sur tous les aspects de l'exploit poétique de Dante, grâce à une enquête passionnante menée à partir d'une vaste érudition médiévale, qui offre toutes les informations relatives au contexte de l'œuvre et fait constamment interagir le texte avec notre propre perspective, notre sens commun, nos expériences personnelles de vie et de lecture.

Le volume se compose de 17 essais, parus entre 1958 et 1984, qui s'enchaînent les uns les autres en suivant la progression de la *Comédie*, du premier chant à la fin du *Paradis*, avec un dernier chapitre qui aborde la question plus générale de la *terza rima*. Même si deux tiers du volume sont consacrés à l'*Enfer*, le livre de Freccero construit un véritable parcours, vise une interprétation globale du poème. En dépit de la variété des sujets traités, les différents essais suivent en effet un fil rouge thématique, tout en proposant plusieurs méthodes de lecture. Il s'agit surtout d'explorer la structure fondamentale du poème, façonnée, selon le chercheur, sur le récit de la conversion offert par Saint Augustin, et inspirée par la cosmologie néoplatonicienne.

Le motif de la conversion ne relève pas d'un simple concept théologique, ni d'une structure inerte, comme l'interprétait Croce : il s'agit plutôt d'une expérience capable d'orchestrer l'existence et l'écriture. Au Moyen Âge, l'harmonisation du platonisme et des doctrines chrétiennes a suscité de nombreux débats très féconds pour l'analyse du texte de Dante. Ce domaine d'étude ample et complexe fait l'objet, chez Freccero, tantôt de lectures ponctuelles, toujours mises en relation avec leur contexte, tantôt d'analyses plus générales, qui sont à la fois profondément enracinées dans le texte de Dante et dans ceux de ses prédécesseurs.

Tandis que les préfaces des éditions anglaise et française rappellent que Freccero assume l'héritage de deux géants de la critique dantesque, Auerbach et Singleton, il est tout de même important de souligner que, parmi les sources médiévales fréquemment utilisées par Freccero, celles qui appartiennent à l'ensemble du courant néoplatonicien occupent une place centrale : il cite à plusieurs reprises Calcidius, saint Ambroise, le pseudo-Denys, saint Bonaventure, sans oublier l'aristotélicien Thomas d'Aquin. Les ouvrages de Platon lui-même sont souvent évoqués, car Freccero est persuadé que Dante est largement influencé par le philosophe grec, probablement à travers la médiation de ses exégètes. Le chapitre 11 offre un bon exemple à ce sujet car l'auteur apporte des arguments pour démontrer que le basculement de la position des protagonistes (Dante et Virgile) sur les jambes de Satan provient du *Timée* de Platon. Cependant, la pensée néo-platonicienne ne constitue pour Dante qu'un chemin possible mais voué à l'échec car, d'après Augustin, aucune conversion ne peut avoir lieu sans un guide spirituel, équivalent symbolique de l'action vivifiante de la grâce divine.

Les cinq premiers chapitres sont consacrés au début de l'*Enfer*, et en particulier aux trois premiers chants. Freccero développe une lecture de ces chants qui a fait école, grâce à l'harmonisation très réussie de plans d'approche différents. Il ne se limite pas à une explication de la structure narrative de ces passages. Dans l'analyse du prologue, il met en évidence les liens avec certaines sources médiévales, ce qui permet d'enrichir l'interprétation du sens littéral et du sens allégorique. L'une des contributions les plus originales de ce volume se trouve sans nul doute dans l'attention portée à la condition initiale du pèlerin, aspect souvent négligé, et à certains détails descriptifs apparemment insignifiants, tels que l'orientation de son mouvement.

Augustin s'impose comme modèle pour mieux comprendre plusieurs expressions problématiques de ces chants et, plus en général, comme inspiration profonde de la *Comédie* elle-même. Freccero nous montre que le poème est construit comme un parcours en trois étapes, dont l'*Enfer* représente une première descente dans l'humilité, nécessaire pour entamer le chemin de la conversion après la mort du moi qui a péché. Par ailleurs, les *cantiche* peuvent être liées aux trois moments de l'*Exode* : si ce dernier est explicitement évoqué dans l'épître à Cangrande, en tant que paradigme narratif sur lequel se fondent les sens littéraux et allégoriques du poème, Freccero dévoile de nombreuses et plus précises correspondances avec le livre biblique et avec son exégèse. Comme hypotexte du poème, l'*Exode* est présent tantôt au niveau de la structure générale de l'œuvre, tantôt au niveau des images spécifiques, telles que la « *fiumana* » du deuxième chant. En revanche, ce lien structural avec l'*Exode* ne peut être perçu par le poète qu'après sa conversion : ce n'est qu'à ce moment-là que l'autobiographie devient possible.

Selon Freccero, nous devons toujours garder à l'esprit le fait que toute autobiographie – et Augustin est toujours un précédent à cet égard – présuppose une distinction entre le protagoniste et l'auteur. C'est la distinction fondamentale entre le pèlerin et le poète, à laquelle la critique dantesque s'est souvent intéressée. En même temps, comme son étude le montre à plusieurs reprises, cette duplicité est à la source des ambiguïtés qui caractérisent le traitement de certains personnages, jugés selon la double perspective du pèlerin et du poète. En effet, c'est la présence de ces deux regards qui rend possible la superposition des niveaux de signification : une fois la conversion achevée, l'esprit humain découvre le sens de son histoire particulière dans son lien avec celle de tout l'univers.

Le septième chapitre, consacré à la figure de Méduse (*Enf.* IX), développe ultérieurement ces réflexions. L'auteur propose d'interpréter l'allégorie de Méduse comme une allégorie théologique, c'est-à-dire comme une allégorie chrétienne modelée sur la phénoménologie de la conversion, ce qui permet de saisir la valeur structurale de ce procédé figuratif car, d'après Freccero, toute la structure narrative du poème se présente comme une rétrospection du moi qui se comprend lui-même dans l'histoire.

Cette attention à la dimension temporelle du poème est encore au centre de l'analyse du chant d'Ulysse. Dans la tradition, le voyage d'Ulysse implique un mouvement circulaire depuis et vers Ithaque, que l'on peut lire comme une allégorie spatiale du temps circulaire qui caractérise la conception du temps chez les anciens. Toutefois, le récit d'Ulysse dans le chant XXVI de l'*Enfer* ne respecte pas cette structure : en rupture avec la tradition, son déroulement est linéaire, car il est raconté à partir du point de vue de la mort du héros loin d'Ithaque, que Dante a inventée de toute pièce. C'est pour cela que « la transformation du voyage circulaire d'Ulysse en une catastrophe linéaire est l'expression d'une critique chrétienne des catégories épiques » (p. 254). Si l'épopée classique est marquée par cette circularité, le roman, quant à lui, se fonde sur la linéarité temporelle introduite par le christianisme. Grâce à la médiation de l'*Énéide*, le voyage de Dante se présente comme un double de celui d'Ulysse. L'échec du héros grec est opposé à la réussite du pèlerin, dont humilité conduit vers la voie de la conversion. Freccero peut ainsi conclure que la temporalité du poème participe de deux formes narratives, la forme circulaire et la forme linéaire : la *Comédie* est donc en même temps, comme l'avait affirmé Lukács, la dernière épopée et le premier roman.

Étant donné que le péché représente une inversion des valeurs spirituelles positives, la première *cantica* est construite sur plusieurs oppositions fondamentales, et pour cette raison elle est marquée par un style ironique fondé sur la dissonance, que Dante crée grâce à l'emploi de figures qui expriment ces oppositions. La dichotomie entre corps et âme est un socle constitutif de cet univers axiologique, car elle est présente dans la plupart des élaborations médiévales. L'une des innovations principales de Dante consiste, d'après Freccero, dans l'insertion du corps à l'intérieur d'un récit de progression spirituelle. Si nous réfléchissons à ce sujet en prenant appui sur les doctrines médiévales qui postulaient différentes conditions de connaissance et d'exercice de la vertu, on peut saisir le sens profond de plusieurs éléments du poème, surtout ceux qui appartiennent aux premiers chants, souvent perçus comme vagues et obscurs. L'analyse de l'expression « *piè fermo* » et celle des trois bêtes du premier chant sont exemplaires à cet égard : en effet, Freccero arrive à les expliquer de manière exhaustive grâce à un nombre impressionnant de sources scientifiques, exégétiques et mystiques.

En s'appuyant sur ces sources, Freccero affirme que, même si le corps est présent, le récit de la *Comédie* se révèle essentiellement comme étant un voyage de l'esprit et de la connaissance. Il propose d'associer les trois *cantiche* aux facultés de l'âme et aux types de vision associés à ces dernières ; à cette correspondance nous pouvons lier la différence entre leurs styles. Le mode de représentation poétique de l'*Enfer* est donc fondé sur l'opacité d'une part, et sur la *mimesis* de l'autre. Les âmes mortes deviennent des corps, des signes littéraux dont la signification spirituelle est obscure pour le pèlerin qui n'a pas encore complété son parcours de conversion et de compréhension. Le style de la première *cantica* consiste alors, selon Freccero, en une imitation réaliste mais en même temps ironique de la réalité. L'ironie est possible précisément parce que l'humanité infernale, dans la perspective de l'éternité et de l'âme désormais sauvée, est la négation exacte du monde séculier, avec ses contradictions et ses injustices. Mais l'ironie, par le fait même de se présenter en tant que procédé d'inversion devient aussi « une allégorie de la conversion », car elle met en scène la mort du moi pécheur, nécessaire pour parvenir à sa résurrection.

Ce bloc consacré aux tout premiers chants se termine par un court chapitre qui aborde la question des anges des limbes, qui, d'après Freccero, n'ont pas choisi de ne pas choisir, mais plutôt ont choisi le rien, en se retrouvant ainsi aliénés et « vomis » en dehors de l'univers. Après les deux chapitres sur Méduse et sur Ulysse dont on a déjà parlé, un nouveau bloc de trois essais se concentre sur les tout derniers chants de l'*Enfer* (XXXII-XXXIV).

L'épisode d'Ugolin est là aussi interprété à travers le prisme de l'ironie. Freccero suggère que l'épisode est caractérisé par un langage et par une structure narrative qui reprend le modèle christologique et eucharistique : le but d'une telle représentation est celui de montrer comment les damnés du bas Enfer ont échoué dans la compréhension de l'espérance chrétienne et ont fini par en renverser totalement les valeurs politiques et spirituelles. Le cannibalisme, qui s'oppose à l'eucharistie, est ainsi l'allégorie de la haine politique qui empêche les hommes de vivre en paix dans leurs communautés. C'est pour cela que le chant se clôt sur le silence, « triomphe de la biologie sur le langage » (p. 293), aboutissement de cette inversion ironique qui devient réticence.

Dans le chapitre 10, « Le signe de Satan », Freccero soutient que l'opinion négative que certains lecteurs ont avancé à l'égard de la représentation dantesque de Satan, perçue comme mal réussie et dépourvue de tout aspect héroïque, est due au statut même des lecteurs : n'ayant pas fait le chemin du pèlerin, ils ne peuvent pas saisir l'importance de cette étape fondamentale du passage de la transcendance négative à l'ascension vers la lumière. Au dernier chant de l'*Enfer*, l'ironie se manifeste tout d'abord dans la parodie de l'hymne de la croix, puis dans la parodie visuelle offerte par le personnage grotesque de Satan, qu'il faut interpréter, en fin de compte, comme un véritable « signe » qui renvoie à la crucifixion du Christ. Les couleurs de ses visages symbolisent le processus de la corruption morale tel qu'il était décrit par les exégètes.

Le dernier chapitre de ce triptyque est encore centré sur Satan, et sur le passage ou Dante et Virgile s'accrochent sur ses jambes pour sortir de l'Enfer : cette étape constitue la fin du mouvement en spirale qui caractérise le parcours infernal et qui symbolise aussi la désorientation du pèlerin.

Le volume ne consacre que deux chapitres au *Purgatorio*. Dans le premier, Freccero insiste sur le fait que l'épisode de Casella (*Purg*. II) peut être lu comme une palinodie de l'expérience poétique de Dante avant la *Comédie*. Pour être plus précis, la chanson de Casella est un moment de paix dans le raffinement progressif du désir qui marque l'évolution spirituelle du pèlerin. Cet aspect est particulièrement évident, souligne Freccero, si l'on compare ce chant avec celui de Francesca, qui fait aussi appel à la similitude des colombes.

Le chapitre suivant est consacré à Manfred. Ses blessures et son sourire signifient, d'après Freccero, l'idéal politique impérial : il avait lui aussi subi des blessures, mais il était destiné à renaître. Freccero interprète la présence de ces blessures sur le corps aérien de Manfred, représentant de cet idéal, comme des blessures à la volonté divine, favorable à l'empire, que l'humanité devra effacer à travers un parcours de purgation, tout comme les P marqués sur le front du pèlerin. Dans ce chapitre, une idée centrale de l'ouvrage prend alors forme, à savoir la découverte d'un parallèle entre les processus de l'interprétation et de la purgation.

Enfin, le *Paradis* est au centre de trois essais, dont le premier fonctionne comme introduction à toute la *cantica*. Freccero souligne tout d'abord la nature particulière de la poésie du *Paradis* : au fur et à mesure que le poète progresse dans son chemin de purgation et de connaissance, le lien entre poésie et représentation s'affaiblit. Du réalisme de l'*Enfer* et à travers l'onirisme subjectif du *Purgatoire*, Dante parvient finalement à une poésie absolue, immatérielle, qui se rapproche de plus en plus du silence. Pour renforcer cette hypothèse, Freccero s'appuie en particulier sur les métaphores du *Paradis*, et définit un dispositif stylistique qu'il appelle anti-image : il s'agit de similitudes qui dénoncent elles-mêmes leurs limites référentielles, poussant le lecteur à faire l'expérience d'un écart plutôt que d'une analogie. Même la situation politique concrète de l'Italie, vue de la perspective presque omnisciente du poète arrivé à la fin de son voyage, n'est qu'un accident dans le cadre de l'évolution qui mène à la vision finale du mystère de l'Incarnation.

Sur l'image finale du poème, Freccero revient plus en détail dans le chapitre 16, où il offre une fine analyse de la comparaison de la roue et du binôme « *disio* » (désir) et « *velle* » (volonté) : « Mais déjà mon désir et ma volonté étaient tournés, / comme la roue qui est mue également, / par l'Amour qui meut le soleil et les autres étoiles » (*Par.* XXXIII, 143-145). Encore une fois, l'auteur relie le texte de Dante au *Timée* de Platon sur la base d'une analogie entre la *paideia* du philosophe grec et le principe chrétien de l'*imitatio Christi*. Dans la cosmologie de Platon, la perfection spirituelle achevée par l'éducation est symbolisée par les étoiles fixes, avec leur double mouvement circulaire de rotation et de révolution. Grâce à la médiation de Calcidius, les étoiles fixes sont transformées par la fantaisie de Dante en une roue qui se meut en cercle et en avant. Le « *disio* » indique le désir intellectuel, symbolisé par le cercle intérieur de la roue, tandis que le « velle » est la volonté proprement dite, représentée comme le cercle majeur de la roue.

Le chapitre 15 porte sur d'autres étoiles, et notamment sur la danse des étoiles du dixième chant du *Paradis*. Après avoir expliqué la nature figurative du *Paradis*, qui ne dépend pas de la *mimesis* mais plutôt d'une métaphore, Freccero se tourne vers quelques éléments de la cosmologie du ciel du Soleil. Encore une fois, l'arrière-plan de son discours est la conviction que la *Comédie* réalise une réconciliation entre les valeurs chrétiennes et la vision cosmique néoplatonicienne. En retraçant plusieurs lignes exégétiques, Freccero explique de manière très détaillée tous les éléments de ce passage du ciel du Soleil, y compris les douze âmes dansantes, le soleil lui-même et Beatrice.

Le dernier chapitre du volume vise à donner une interprétation du rapport entre la forme et le contenu du poème en se penchant sur la signification de la *terza rima*. Freccero s'inspire ici de manière explicite des études de Singleton sur l'imbrication très étroite entre poétique et théologie. Il retrace le même modèle de mouvement vers l'avant qui revient sur son commencement ou qui aboutit à une récapitulation finale dans les trois ordres conceptuels de la forme (la *terzina*), du thème (les trois *cantiche*) et de la logique (les moments de l'autobiographie). Mais ce schéma n'est qu'une représentation nécessaire de la réalité métaphysique elle-même : par conséquent, chacune de ces structures tripartites a sa contrepartie théologique. La structure logique de l'autobiographie correspond au mouvement de la conversion, de la mort de l'âme du pécheur à la résurrection. D'autre part, la *terzina*, peut être reliée à l'allégorie théologique, qui est à son tour « un mouvement du temps qui s'éloigne du Verbe et retourne au Verbe » (p. 465), réalisé dans le rapport entre les deux Testaments. En s'appuyant sur la théorie chrétienne de la *recapitulatio*, Freccero propose des considérations très riches sur les rapports entre le langage, les sens de l'Écriture et la temporalité.

En conclusion, l'ouvrage de Freccero constitue un outil précieux, qui donne accès à l'univers de la *Comédie* à partir d'une tradition théologique et philosophique difficile à saisir dans ses manifestations variées, et qui nécessite une érudition et un effort interprétatif remarquables. En même temps, cette érudition est mise au service d'un esprit herméneutique extrêmement généreux et courageux, qui offre au lecteur des parcours de compréhension du texte tout à fait inattendus et saisissants. Il s'agit donc d'un ouvrage qui pourra alimenter un dialogue très fécond avec la tradition herméneutique française et avec les spécialistes de Dante.

Gaia Tomazzoli

RÉSUMÉS/*ABSTRACTS*

Christian TROTTMANN, « L'espoir de Dante et la présence de saint Bernard dans les trois premiers chants du *Paradis* »

Analysant la présence de saint Bernard, guide ultime de Dante à la fin du *Paradis*, l'étude encadre l'expérience du voyage dans le double espoir d'une paix terrestre grâce à un empereur capable de ramener la paix et d'une espérance théologale liée à la vision béatifique. Saint Bernard, réformateur du monachisme et annonciateur du retour eschatologique du Christ, soude parfaitement ces deux aspects. Sa fonction d'intercession auprès de Marie relie la Création, l'Incarnation et la Trinité.

Mots-clés : Dante Alighieri, théologie du Moyen Âge, saint Bernard, Joachim de Flore, prophétie du Moyen Âge.

Christian TROTTMANN, *"Dante's hope and the presence of Saint Bernard in the first three songs of* Paradise*"*

By focusing upon the presence of Saint Bernard, Dante's ultimate guide at the end of Paradise*, the study aims to frame the experience of travel in the double hope of earthly peace thanks to an emperor capable of bringing peace and a theological hope linked to the beatific vision. The Saint, reformer of monasticism and heralding the eschatological return of the Christ, perfectly combines these two aspects. His function of intercession with Mary links the creation, the Incarnation and the Trinity.*

Keywords: Dante Alighieri, Medieval theology, Saint Bernard, Joachim of Flore, Medieval prophecy.

Claudia DI FONZO, « La più umana delle virtù e la più perfetta delle scienze. *Convivio* e dantismo giuridico »

La reconstruction du projet des quinze traités du *Convivio* accorde une importance particulière aux deux derniers, qui auraient dû s'occuper de la justice et de la sagesse. Les traités dédiés aux vertus éthiques, du V au XIII, auraient été rédigés sur la base du quatrième, en s'appuyant sur le quatrième livre de *l'Éthique à Nicomachus*. La chanson du quatrième traité et son sujet furent remarqués par le juriste Bartolo da Sassoferrato, qui connaissait la chanson, mais pas le commentaire.

Mots-clés : Dante Alighieri, *Convivio*, droit du Moyen Âge, philosophie du Moyen Âge, *Éthique à Nicomaque*.

Claudia DI FONZO, *"The most human of virtues and the most perfect of sciences. The Convivio and the juridical dantism"*

The reconstruction of the draft of the Convivio's *fifteen treaties emphasizes the two concluding treaties, which should have dealt with justice and wisdom. The treatises dedicated to ethical virtues, from V to XIII, are said to have been written on the basis of the fourth, based on the fourth book of* Ethica Nicomachea. *The moral canzone of the fourth treatise and its subject were noticed by the lawyer Bartolo da Sassoferrato, who knew the song, but not the commentary.*

Keywords: Dante Alighieri, Convivio, *medieval law, medieval prophecy,* Nicomachean Ethics.

Roberto MERCURI, « Lettura di *Inferno* XVI-XVII »

La lecture des chants XVI et XVII de l'*Enfer* devient l'occasion pour redéfinir l'idée même des « chants centraux » du poème. Les chants XVII des cantiques sont lus en parallèle, dans la dialectique entre *centre* et *cercle*, ouvrant à des nouvelles perspectives. La métaphore de la chasse, qui parcourt toute l'œuvre de Dante devient la clé pour relire l'épisode de Géryon, de l'évocation à travers la corde à la construction du personnage lui-même, entre suggestions bibliques et échos mythologiques.

Mots-clés : Dante Alighieri, littérature du Moyen Âge, structure de la *Comédie*, personnages mythologiques, mémoire biblique.

Roberto MERCURI, *"Lecture of* Inferno *XVI-XVII"*

Reading the two cantos XVI and XVII of Hell *becomes an opportunity to redefine the idea of the « central cantos » of the poem. The cantos XVII of the canticas are read in parallel between the « center » and the « circle » and suggest new perspectives. The hunting metaphor, which runs through Dante's entire work, becomes a key to re-read Gerione's episode, from the evocation through the rope to the construction of the character itself, between biblical suggestions and mythological echoes.*

Keywords: Dante Alighieri, medieval littérature, Comedy's *structure, mythological characters, biblical memory.*

Viviana AGOSTINI-OUAFI, « Philologie, génèse et poétique du traduire. Le cas exemplaire d'André Pézard »

Le fonds du Collège de France de Pézard s'impose par les brouillons, mises au net, dactylographies et épreuves de traduction de la *Vita Nuova*, en témoignant de la conscience traductologique, de l'envergure scientifique et de la rigueur philologique, génétique et poétique pézardiennes. Il oblige à s'interroger sur la vie et l'œuvre d'un traducteur-philologue qui change de 1953 à 1965 sa poétique du traduire. L'étude des avant-textes illustre son approche qui est post-structuraliste *ante litteram*.

Mots-clés : Dante Alighieri, philologie, théorie de la traduction, littérature italienne, traduction poétique.

Viviana AGOSTINI-OUAFI, *"Philology, genesis and poetics of translating. The exemplary case of André Pézard"*

The Pézard's holdings of the College de France stands out with drafts, clean-ups, typing and translation proofs of Vita Nuova. *It illustrates Pezard's translatological conscience, the scientific scope and his philological, genetic and poetic rigor. It makes us question the life and work of a translator-philologist who changed his attitude to translating from 1953 to 1965. The study of the pre-texts showcases the modalities of his* ante litteram *post-structuralist approach.*

Keywords: Dante Alighieri, philology, translation theory, italian literature, poetic translation.

Marco FABBRICATORE, « La didattica della *Commedia* dantesca nelle scuole secondarie di primo grado »

La *Comédie* est l'une des bases de l'enseignement de la littérature dans l'école secondaire en Italie. L'étude esquisse un tableau des outils et des méthodes mis en œuvre, à travers l'analyse des pages consacrées à la *Comédie* dans les manuels, ainsi qu'au moyen de la lecture des données fournis par certains enseignants sur les stratégies didactiques. L'objectif poursuivi a été de signaler les problèmes qui affectent l'enseignement de Dante dans le premier degré de l'enseignement supérieur.

Mots-clés : Dante Alighieri, littérature italienne, enseignement de la littérature italienne, enseignement secondaire italien, manuels scolaires.

Marco FABBRICATORE, *"The teaching of Dante's* Comedy *in first grade secondary schools"*

    This article focuses upon the the didactic tools and methods utilized to teach in secondary schools. The survey was conducted through an analysis of sections dedicated to the Comedy *taken from widely adopted textbooks, and through an analysis of the didactic strategies, the selection of the Cantos and the final assessment. The main aim was to highlight any problem that seems to affect the teaching of Dante, especially in the first stage of Italian secondary education.*

    Keywords: Dante Alighieri, Italian literature, Italian literature teaching, Italian secondary education, textbooks.

Achevé d'imprimer par Corlet Numéric,
Z.A. Charles Tellier, Condé-en-Normandie (Calvados), en août 2020
N° d'impression : 167680 - dépôt légal : août 2020
Imprimé en France

CLASSIQUES GARNIER

Bulletin d'abonnement revue 2020
Revue des études dantesques
1 numéro par an

M., Mme :

Adresse :

Code postal :   Ville :

Pays :

Téléphone :   Fax :

Courriel :

Prix TTC abonnement France, frais de port inclus		Prix HT abonnement étranger, frais de port inclus	
Particulier	Institution	Particulier	Institution
22 €	31 €	30 €	38 €

Cet abonnement concerne les parutions papier du 1er janvier 2020 au 31 décembre 2020.

Les numéros parus avant le 1er janvier 2020 sont disponibles à l'unité (hors abonnement) sur notre site web.

Modalités de règlement (en euros) :

⁘ Par carte bancaire sur notre site web : www.classiques-garnier.com

⁘ Par virement bancaire sur le compte :
Banque : Société Générale – BIC : SOGEFRPP
IBAN : FR 76 3000 3018 7700 0208 3910 870
RIB : 30003 01877 00020839108 70

⁘ Par chèque à l'ordre de Classiques Garnier

Classiques Garnier
6, rue de la Sorbonne – 75005 Paris – France
Fax : + 33 1 43 54 00 44
Courriel : revues@classiques-garnier.com

Abonnez-vous sur notre site web :
www.classiques-garnier.com

mis à jour le 22/10/2019